Anthony de Mello

Zeiten des Glücks

Geschichten für Herz und Seele

Herausgegeben von Anton Lichtenauer

FREIBURG · BASEL · WIEN

Originalausgabe

Neuausgabe 2011

© Verlag Herder GmbH, Freiburg im Breisgau 2004
Alle Rechte vorbehalten
www.herder.de

Umschlagkonzeption und -gestaltung:
R·M·E Roland Eschlbeck / Liana Tuchel

Herstellung: fgb · freiburger graphische betriebe
www.fgb.de

Gedruckt auf umweltfreundlichem, chlorfrei gebleichtem
Papier
Printed in Germany

ISBN 978-3-451-07111-9

Inhalt

Vorwort
von Anton Lichtenauer
7

Ausbruch aus dem Käfig ohne Gitter
oder Leben ist mehr
17

Wie man es ansieht ...
oder Die Kunst, unglücklich zu sein
49

Man kann es nie wissen
oder Der Trick mit der Wahrheit
67

Die lieben anderen
oder Aller Kummer dreht sich um das Selbst
87

Ein anderer kann nicht für dich trinken
oder Selbst ist der Mensch
111

Nur keine Aufregung
oder Wie man der Angst standhalten kann
133

Sogar die Sehnsucht ist Fessel
oder Menschsein ist schon Leistung genug
149

Blätter fallen, auch wenn der Wind nachläßt
oder Das Geheimnis der Gelassenheit
173

Das Glück ist ein Schmetterling
oder Wege zu Achtsamkeit und Erleuchtung
189

Quellen
218

Vorwort

von Anton Lichtenauer

Jemand fragte den Meister: „Glauben Sie an Glück?" – „Durchaus", erwiderte er mit einem Aufblitzen in seinen Augen. „Wie sonst ließe sich der Erfolg von Leuten erklären, die man nicht mag." Solche Antworten machen den Charme de Mellos aus. Seine Antworten provozieren zum Weiterfragen. Und er hat – zum Glück – Humor.

Schnelles Glück: das ist nicht seine Sache. Aber die Frage, was das eigentlich ist, ein erfülltes, ein „richtiges" Leben, durchzieht die Landschaft seines ganzen Werks. Wer sich auf die Wege macht und weitergehende Antworten sucht, der kann unvermutete Aussichten entdecken.

Was ist Glück? Irgendwann flackert in

jedem die Ahnung auf von einem größeren Horizont, von einer größeren Freiheit, von einem Leben ohne Zwänge. De Mello will diese Ahnung verstärken. Ihm liegt daran, daß uns ein Licht aufgeht, daß uns einleuchtet: Wir vergeuden unsere kostbare Zeit – die einzige, die wir haben – mit Äußerlichkeiten, mit Nichtigkeiten wie Reichtum, Ruhm, Ehre, Schönheit, Macht, Luxus, Bequemlichkeiten, Karriere. Glück ist anders. Glück ist mehr als solcher Erfolg. Es hängt nicht von den großen Umständen ab. Der Schlüssel zu ihm liegt vielmehr im eigenen Herzen, in der eigenen Seele.

De Mello ist ausgebildeter Psychologe und gleichzeitig spiritueller Lehrer. Und das ist ein Kerngedanke seiner Geschichten: Wir könnten es zwar nicht einfacher, aber anders haben. Kleinlich und selbstfixiert versäumen wir die große Beseligung, das abenteuerliche, das vielfarbige Glück. Wenn wir genau hinsehen auf das, was wir selbstzufrieden und saturiert oft als „Glück" bezeichnen, könnten wir merken, daß wir die Maßstäbe für Größe und Weite verloren haben. Wie jener Alte, der in einer kleinen Stadt an der Grenze lebt, seit über fünfzig Jahren im gleichen Haus, der nie auf die Idee kam, die Grenze zu überschreiten und der eines Tages zum großen Erstaunen seiner Umgebung ins Nachbarhaus umzieht. „Ich glaube, das ist der Zigeuner in mir", sagte er mit selbstzufriedenem Lächeln. – Noch in der grotesken Vorführung unausge- schöpfter Möglichkeit ist das „andere Leben" beschworen.

Glück ist nur dem möglich, der wirklich lebt. Leben geschieht immer jetzt. Menschen, die sich zuviel mit dem Leben nach dem Tod beschäftigen, sind – so de Mello – nicht selten die, die, die nichts mit diesem Leben anzufan- gen wissen.

Man gewinnt Glück, wenn man seine Illu- sionen verliert: Die größte Illusion aber ist die,

9

daß unser Glück von jemand anderem
abhängt. Wie werden wir frei von Abhängig-
keiten, von Angst, von Trauer, von negativen
Gefühlen? Wie lösen wir uns von einem Denken, das die Probleme erst produziert? De
Mellos Antwort: Alles kann sich lösen, wenn
wir uns lösen. Wenn wir erwachen, verstehen
und die Wirklichkeit neu sehen. Das heißt ins-
besondere: aufmerksam werden, zur Stille
gelangen, sich nicht auf festgefahrene For-
meln verlassen, Erfahrungen machen, auch
schmerzliche. Das ist nötig, denn gerade sie
führen zum Wachstum, zur Veränderung –
zur Sinfonie eines Lebens, zu dem Leiden
gehört wie der Kontrapunkt zur Musik. Den
Ton des eigenen Lebens finden, im Einschwin-
gen in den Rhythmus des eigenen Daseins
atems – das ist die Kunst.

Die Begegnung mit dem eigenen Atem,
dies hat de Mello bei buddhistischen Mön-
chen erfahren und auch seinen Schülern

weitergegeben, ist der Beginn der Freundschaft mit sich selbst. Glück ist auch die Konsequenz dieses Sich-Einlassens auf den eigenen Körper, des Sich-Anfreundens mit den eigenen Daseinsbedingungen. Und das ist wieder Voraussetzung der Aufmerksamkeit, des Loslassens, des Sich-Versenkens in das Geheimnis des widersprüchlichen, traurigen und schönen Lebens selbst. Wer offen wird für die Leere – die etwas Positives ist, nämlich Freiheit von der Fülle der unwesentlichen Dinge – der wird beschenkt mit der Fülle des Glücks. Wer sich auf dieses Schweigen einläßt, hört die Stimme der Freude. Freude ist das Herz des Glücks. Östliche Weisheit ist die eine, die christliche Überlieferung etwa der Ignatianischen Exerzitien ist eine andere Schule, aus der diese Einsichten de Mellos kommen.

Humor durchtränkt die Spiritualität des Geschichtenerzählers. Er beruhigt nicht mit

dem gefälligen Psycho-Beschwichtigungs-
zauber: „Ich bin okay, du bist auch okay."
Er sagt: „Ich bin ein Narr, und du bist auch
ein Narr. Laß uns darüber lachen und frei
sein."

De Mello ist das Gegenteil eines Pessimis-
ten: Der Mensch ist zum Glücklichsein geboren. Aber es wird ihm – so wie unser Leben
nun einmal ist – nicht in die Wiege gelegt. Er
muß lernen, glücklich zu sein. Und er kann es
lernen: durch Übung. Wichtig wird: Nicht nur
etwas wissen, sondern die Konsequenz daraus ziehen. So wie jener Raucher, der wußte,
daß Rauchen seiner Gesundheit schadet. Aber
erst als der Arzt ihm sagt, daß er vielleicht
Krebs hat, hört er schlagartig auf. Er weiß es
jetzt nicht nur. Er ist aufgewacht zu diesem
Wissen. Er hat sich geändert. Er ist neu
geworden: De Mello nennt das auch Bewußt-
werdung oder – unter Berufung auf religiöse
Überlieferung – Erleuchtung.

In vielen Geschichten de Mellos steht die Figur „des Meisters" im Mittelpunkt. Er zitiert Pascal ebenso wie die chassidischen Rabbinen, Jesus ebenso wie Sokrates oder den Hindu-Guru, die Bibel wie die Bhagavadgita, die Sufimeister genauso wie die christlichen Mystiker. Spuren, denen man nachgehen kann, gibt es in jeder Kultur. Den Weg muß jeder selber finden.

Sich auf diesen Weg zu machen heißt zuallererst: die Selbst-Sucht loslassen. Es heißt: sich von den unwesentlichen Dingen trennen – und gleichzeitig offen sein für das Wesentliche. Nicht nur die Großen der Tradition sind die Vorbilder. Die Wirklichkeit selbst ist der Meister, im Alltag selbst ist die Botschaft: Ein Vogel, ein Blatt, eine Träne, ein Lächeln kann alles sagen.

Die Lust am Widersprüchlichen gehört zu dieser Form der Weisheit. Beides gehört zusammen: Ruhig werden und aufwachen,

sich beunruhigen lassen und gelassen sein.
Witz und Ernst, Weisheit und Unsinn, sie
liegen nah beieinander – und sie haben auf
überraschende Weise miteinander zu tun.
Den Wechsel der Perspektive, die Umwertung
der nur konventionellen Werte – das will de
Mello einüben. Deshalb bereitet er durch
seine Paradoxien darauf vor. Weisheit kommt
als Witz daher. Was zunächst lächerlich oder
ein vordergründiger Scherz scheint, meint er
zutiefst ernst. Erleuchtung ist der „crash"
zwischen Vorstellung, Gewohnheit und Wirklichkeit. Eine Erhellung, die wie ein Blitz ein-
schlagen kann. Ein umwälzende Einsicht, die
sich aber auch einschleichen kann wie auf
Taubenfüßen.

Es ist nur ein scheinbarer Widerspruch:
Sich selbst aufgeben, damit man ich-stark
werden kann. Zu sich kommen, bevor man
unterwegs ist zu anderen. Einerseits gilt es,
den Ballast abzuwerfen, der „Ego" heißt, eine

zur Sucht gewordene Ich-Verhaftung, die eigentlich Ich-Schwäche ist. Andererseits ist genauso wichtig: Sein Ich stärken, es nicht besetzen lassen von fremden Vorstellungen, von den Wünschen anderer, es nicht einzäunen mit äußeren Ansprüchen.

De Mello hat also keine wohlfeilen Rezepte. Er zeigt freilich verlockende Perspektiven: „Kehren Sie zu den Dingen zurück, kehren Sie zur Natur zurück, gehen Sie in die Berge ... Nur wer die Einsamkeit aushält, wird die Wüste in sich zum Blühen bringen."

Wie de Mello anschaulich macht, daß all dies erlebbar ist, das macht seine Texte, deren Licht sich in vielen Farben bricht und deren Einsichten sich nicht mit Paukenschlägen einbleuen wollen, zum Glücksfall. Seine Erzählungen vom Glück atmen das, wovon sie reden.

*Ausbruch aus dem Käfig
ohne Gitter
oder
Leben ist mehr*

Hungertod

Das Leben ist ein Festessen. Das Tragische
dabei ist, daß die meisten Menschen den
Hungertod sterben. Ich kenne eine Geschich-
te von ein paar Leuten, die auf einem Floß
vor der brasilianischen Küste trieben und am
Verdursten waren. Sie ahnten nicht, daß das
Wasser um sie herum Süßwasser war. Der
Fluß strömte so kraftvoll ins Meer, daß sein
Wasser einige Meilen weit vor die Küste
gelangte. Deshalb gab es genau dort, wo das
Floß trieb, auch Süßwasser. Aber sie wußten
es nicht.

Ebenso sind wir von Freude, Glück und
Liebe umgeben. Die meisten Menschen
ahnen es nur nicht, weil sie nichts mehr klar
erkennen können, weil sie hypnotisiert sind,
weil sie schlafen. Stellen Sie sich einen Zau-
berer auf der Bühne vor, der jemanden so
hypnotisiert, daß er nur sieht, was nicht da ist,

und das, was da ist, nicht sieht. Genauso ist
es. Kehren Sie um, und nehmen Sie die gute
Nachricht an. Kehren Sie um, und werden Sie
wach!

Laßt mich heraus

Nichts beschreibt besser die menschliche
Natur als die Geschichte des armen Betrunkenen, der spät nachts außerhalb eines Parks
am Zaun rüttelt und schreit: „Laßt mich
raus!"

*Nur deine Illusionen hindern dich an der
Erkenntnis, daß du frei bist – und es immer
warst.*

Wach auf!

Die meisten Leute schlafen, ohne es zu wissen. Sie wurden schlafend geboren, sie leben schlafend, sie heiraten im Schlaf, erziehen im Schlaf ihre Kinder und sterben im Schlaf, ohne jemals wach geworden zu sein. Niemals verstehen sie den Reiz und die Schönheit dessen, was wir „menschliches Leben" nennen. Bekanntlich sind sich alle Mystiker – ob christlich oder nichtchristlich und egal, welcher theologischen Richtung oder Religion sie angehören – in diesem einen Punkt einig: daß alles gut, alles in Ordnung ist. Obwohl gar nichts in Ordnung ist, ist alles gut. Ein wirklich seltsamer Widerspruch. Aber tragischerweise kommen die meisten Leute gar nicht dazu, zu erkennen, daß tatsächlich alles gut ist, denn sie schlafen. Sie haben einen Alptraum.

Vor einiger Zeit hörte ich im Radio die Geschichte von einem Mann, der an die

Zimmertür seines Sohnes klopft und ruft:
„Jim, wach auf!"

Jim ruft zurück: „Ich mag nicht aufstehen,
Papa." Darauf der Vater noch lauter: „Steh
auf, du mußt in die Schule!"

„Ich will nicht zur Schule gehen."

„Warum denn nicht?" fragt der Vater.

„Aus drei Gründen", sagt Jim. „Erstens ist
es so langweilig, zweitens ärgern mich die
Kinder, und drittens kann ich die Schule nicht
ausstehen."

Der Vater erwidert: „So, dann sag' ich dir
drei Gründe, wieso du in die Schule mußt:
Erstens ist es deine Pflicht, zweitens bist du
45Jahre alt, und drittens bist du der Klassen-
lehrer." Also aufwachen, aufwachen! Du bist
erwachsen geworden, du bist zu groß, um zu
schlafen. Wach auf! Hör auf, mit deinem
Spielzeug zu spielen.

Käfig ohne Gitter

Ein Bär ging in seinem sechs Meter langen
Käfig hin und her.

Als die Gitterstäbe nach fünf Jahren
entfernt wurden, ging der Bär weiterhin diese
sechs Meter hin und her, als ob der Käfig
noch da wäre. Für ihn war er da!

Henne und Adler

Ein Mann fand ein Adlerei und legte es in das
Nest einer gewöhnlichen Henne. Der kleine
Adler schlüpfte mit den Küken aus und wuchs
zusammen mit ihnen auf.

Sein ganzes Leben lang benahm sich der
Adler wie die Küken, weil er dachte, er sei ein
Küken aus dem Hinterhof. Er kratzte in der
Erde nach Würmern und Insekten. Er gluckte
und gackerte. Und ab und zu hob er seine

Flügel und flog ein Stück, genau wie die Küken. Schließlich hat ein Küken so zu fliegen, stimmt's?

Jahre vergingen, und der Adler wurde sehr alt. Eines Tages sah er einen herrlichen Vogel hoch über sich im wolkenlosen Himmel. Anmutig und hoheitsvoll schwebte er durch die heftigen Windströmungen, fast ohne mit seinen kräftigen goldenen Flügeln zu schlagen. Der alte Adler blickte ehrfürchtig empor. „Wer ist das?" fragte er seinen Nachbarn.

„Das ist der Adler, der König der Vögel", sagte der Nachbar. „Aber reg dich nicht auf. Du und ich sind von anderer Art."

Also dachte der Adler nicht weiter an diesen Vogel. Er starb in dem Glauben, ein Küken im Hinterhof zu sein.

Wirklich aufregend

Nach dreißig Jahren gemeinsamen Fernsehens sagte ein Mann zu seiner Frau: „Laß uns heute abend etwas wirklich Aufregendes unternehmen!"

Sofort tauchten vor ihrem Auge Visionen von einer Nacht in der Stadt auf. „Phantastisch", sagte sie, „was wollen wir machen?"

„Wir könnten einmal die Sessel tauschen."

Der Zigeuner

In einer kleinen Grenzstadt lebte ein alter Mann schon fünfzig Jahre in dem gleichen Haus.

Eines Tages zog er zum großen Erstaunen seiner Umgebung in das Nachbarhaus um. Reporter der Lokalzeitung sprachen bei ihm vor, um ihn nach dem Grund zu fragen.

„Ich glaube, das ist der Zigeuner in mir", sagte er mit selbstzufriedenem Lächeln.

Habt ihr je von dem Mann gehört, der Christoph Columbus auf seiner Entdeckungsfahrt in die Neue Welt begleitete und sich die ganze Zeit grämte, vielleicht nicht rechtzeitig zurück zu sein, um die Nachfolge des alten Dorfschneiders anzutreten, und ein anderer ihm den Job wegschnappen könnte?

Hören und sehen

Es ist nicht einfach zuzuhören, vor allem dann nicht, wenn man sich über eine Idee leicht erregt. Ja, auch wenn man nicht leicht erregbar ist, ist es nicht einfach zuzuhören – hört man alles vom eigenen vorprogrammierten, konditionierten, hypnotisierten Standpunkt

25

aus. Man interpretiert oft alles, was gesagt wird, nach dem einmal eingeprägten Begriffsmuster.

Wie jene Frau, die nach einem Vortrag über Ackerbau und Viehzucht fragt: „Entschuldigen Sie, mein Herr, ich stimme hierin mit Ihnen völlig überein, daß der beste Dung alter Pferdemist ist. Würden Sie uns aber bitte noch sagen, wie alt genau die Pferde sein müssen?"

Wir haben alle unsere Standpunkte, oder? Von diesen Standpunkten aus hören wir den anderen zu: „Hast du dich aber verändert, Henry! Du warst doch immer so groß, und jetzt kommst du mir so klein vor. Du warst doch immer so stattlich, und jetzt erscheinst du mir so schmal. Du warst doch immer so blaß, und jetzt bist du so braun. Was ist mit dir los, Henry?" Und Henry sagt: „Ich heiße gar nicht Henry, ich heiße John." – „Ach, deinen Namen hast du auch geändert!" – Wie

will man solch einen Menschen zum Zuhören
bekommen?

Spannkraft

„Dich macht die Gemächlichkeit des Lebens
kaputt", sagte der Meister zu einem Schüler,
der es von der lockeren Seite nahm. „Nur
eine Katastrophe kann dich retten."

Und so machte er seine Feststellung
deutlich:

„Wirf einen Frosch in eine Wanne heißes
Wasser, und er wird in Sekundenschnelle her-
ausspringen. Setz ihn in eine Wanne Wasser,
das ganz allmählich erwärmt wird, und er wird
die Spannkraft zum Springen verlieren, wenn
der Moment zum Hüpfen gekommen ist."

Illusionen

Jemand fragte mich einmal: „Wie ist denn Erleuchtetsein? Wie ist es denn, wach geworden zu sein?"

Es ist wie mit dem Landstreicher in London, der sich für die Nacht einrichtete. Kaum eine Brotkruste hatte er zu essen bekommen. Er erreichte das Ufer der Themse. Im leichten Nieselregen zog er seinen zerschlissenen Mantel fester um sich. Er wollte gerade einschlafen, als auf einmal ein Rolls-Royce mit Chauffeur anhielt. Eine schöne junge Dame stieg aus und sagte zu ihm: „Sie armer Mann, wollen Sie etwa die Nacht hier am Ufer verbringen?" Darauf erwiderte der Landstreicher: „Ja." Die Frau entgegnete: „Das werde ich nicht zulassen. Sie kommen mit in mein Haus und werden dort bequem übernachten, nachdem Sie gut zu Abend gegessen haben." Sie bestand darauf, daß er einstieg.

Also fuhren sie aus London hinaus und kamen zu einer großen Villa in einem weiten Park. Dem Butler, der sie ins Haus führte, sagte die Dame: „James, sorgen Sie bitte dafür, daß er ein Dienstbotenzimmer bekommt und es ihm an nichts fehlt." James tat, wie ihm geheißen. Die junge Dame hatte bereits die Kleider abgelegt, um ins Bett zu gehen, als ihr plötzlich wieder ihr Übernachtungsgast einfiel. Also zog sie sich etwas über und ging den Gang entlang zu den Dienstbotenzimmern. Unter der Tür des Landstreichers fiel ein Lichtstreifen hindurch. Sie klopfte behutsam an die Tür, öffnete sie und sah, daß der Mann noch wach war. Sie sagte zu ihm: „Was ist, guter Mann, haben Sie kein rechtes Essen bekommen?" Darauf erwiderte er: „In meinem ganzen Leben habe ich noch kein besseres Essen gehabt, meine Dame." – „Haben Sie warm genug?" – „Ja, ein schönes, warmes Bett." – „Vielleicht brauchen Sie

29

ein bißchen Gesellschaft. Wollen Sie nicht ein Viertelstündchen zu mir herüberkommen?" Dann rückte sie näher zu ihm, und er rutschte näher zu ihr und fiel genau in die Themse.

Ätsch! Damit haben Sie bestimmt nicht gerechnet! Erleuchtung! Wachen Sie auf. Wenn Sie bereit sind, Ihre falschen Vorstellungen gegen die Wirklichkeit einzutauschen, wenn Sie bereit sind, Ihre Träume gegen Tatsachen einzutauschen, ist das der Weg, auf dem Sie alles finden können, auf dem das Leben Sinn erhält – und das Leben wird schön.

Sie wollen auf etwas Besseres hoffen als das, was Sie jetzt haben, oder? Sonst würden Sie ja nicht hoffen. Doch dann vergessen Sie, daß Sie schon alles haben und es nur nicht wissen. Warum richten Sie Ihre Aufmerksamkeit nicht auf das Jetzt, statt auf bessere Zeiten zu hoffen? Warum verstehen Sie nicht das Jetzt, statt es zu vergessen und auf die

Zukunft zu hoffen? Ist die Zukunft nicht nur
eine weitere Illusion?

Die Überraschung

Das Erwachen sollte eine Überraschung sein.
Wenn etwas, was Sie nicht erwarten, eintritt,
sind Sie überrascht. Als Frau Webster ihren
Mann dabei ertappte, wie er das Dienstmädchen küßte, sagte sie ihm, sie sei sehr überrascht. Aber Webster war ein bißchen pingelig, was den korrekten Gebrauch der Sprache
betraf (verständlicherweise, schrieb er doch
gerade an seinem berühmten Wörterbuch),
und so erklärte er ihr: „Nein, meine Liebe, ich
bin überrascht. Du bist verblüfft!"

Fortschritt

Ein Schüler sagte zu seinem Guru, daß er einen fernen Ort aufsuchen wolle, um zu meditieren und, wie er hoffte, Erleuchtung zu erlangen. Alle sechs Monate schickte er dem Guru eine Nachricht, um ihn über seine Fortschritte zu unterrichten. So schrieb er im ersten Brief: „Nun verstehe ich, was es heißt, das Selbst aufzugeben." Der Guru zerriß den Brief und warf ihn in den Papierkorb.

Nach sechs Monaten erhielt er die nächste Nachricht, in der es hieß: „Nun besitze ich das Empfinden für alles Lebendige." Auch diesen Brief zerriß er.

Die dritte Nachricht lautete: „Jetzt kenne ich das Geheimnis des Einen und des Vielen." Der Brief wurde zerrissen. So ging es mehrere Jahre, bis schließlich keine Nachricht mehr kam.

Nach einiger Zeit regte sich beim Guru die

Neugier. Als eines Tages ein Reisender auf dem Weg zu dem fernen Ort war, an dem sich sein Schüler aufhielt, bat der Guru ihn: „Könntest du nicht herausfinden, was aus diesem Mann geworden ist?"

Endlich erhielt er einen Brief von seinem Schüler, darin stand: *„Was macht das schon aus?"* Als der Guru das las, rief er laut: „Er hat es geschafft! Er hat es geschafft! Endlich hat er verstanden! Er hat es verstanden!"

Eine andere Geschichte wird erzählt von einem Soldaten auf dem Schlachtfeld, der einfach sein Gewehr fallen ließ, ein Stück Papier vom Boden aufhob und es betrachtete. Nach kurzer Zeit ließ er es wieder zu Boden flattern. Dann ging er ein Stückchen weiter und tat das gleiche. Die anderen Soldaten sagten: „Der ist ja lebensmüde. Er braucht Hilfe." So schafften sie ihn in eine Klinik, wo sich der beste Psychiater um ihn kümmerte. Aber nichts schien zu helfen. Der Soldat wan-

33

derte durch die Gänge, las Papierfetzen auf,
schaute sie kurz an und ließ sie wieder zu
Boden flattern. Schließlich sagte man: „Wir
müssen diesen Mann aus der Armee entlas-
sen." Also rief man ihn herein und über-
reichte ihm seine Entlassungsurkunde. Er
nahm sie, warf einen Blick darauf und rief:
„Ist sie das? Das ist sie!" Endlich hatte er sie
gefunden.

Wo das Problem liegt

Ein kleiner Junge spaziert am Ufer eines Flus-
ses entlang. Er sieht ein Krokodil, das sich in
einem Netz verfangen hat. Das Krokodil sagt:
„Hab Mitleid mit mir und befreie mich! Ich
sehe vielleicht häßlich aus, aber dafür kann
ich nichts, ich bin so auf die Welt gekommen.
Aber wie häßlich ich auch aussehen mag, so
habe ich doch ein liebendes Mutterherz. Als

ich heute früh Futter für meine Kleinen
suchte, ging ich in diese Falle!"

Der Junge erwidert: „Wenn ich dich
befreie, fängst du mich und tötest mich." Das
Krokodil fragt: „Glaubst du, daß ich so etwas
meinem Wohltäter und Befreier antun
könnte?"

Der Junge ist überzeugt und öffnet das
Netz. Sofort schnappt das Krokodil nach ihm.
Im Rachen des Krokodils sagt der Junge: „Das
also ist dein Lohn für mein gutes Werk." Das
Krokodil entgegnet: „Nimm's nicht persönlich, Kleiner, so ist die Welt nun einmal, das ist
das Gesetz des Lebens."

Der Junge widerspricht, bis das Krokodil
den Vorschlag macht: „Willst du einen anderen fragen, ob das stimmt?" Der Junge sieht
einen Vogel, der auf einem Ast sitzt, und fragt
ihn: „Vogel, stimmt das, was das Krokodil
sagt?" – „Ja", antwortet der Vogel, „das Krokodil hat recht. Sieh mich an: Ich kam einmal

35

mit Futter für meine Jungen nach Hause, und stell dir diesen Schreck vor: ich sah eine Schlange, die den Baumstamm hinaufkroch, genau auf mein Nest zu. Ich konnte gar nichts dagegen tun. Sie verschlang meine Jungen, eines nach dem anderen. Ich kreischte und schrie, alles war zwecklos. Das Krokodil hat recht, das ist das Gesetz des Lebens, so ist die Welt nun einmal."

„Siehst du", sagt das Krokodil. Doch der Junge bittet: „Laß mich noch jemanden fragen." Das Krokodil sagt: „Von mir aus."

Da kommt ein alter Esel am Ufer dahergetrottet. „Esel", sagt der Junge, „stimmt das, was das Krokodil sagt?" Der Esel antwortet: „Das Krokodil hat schon recht. Sieh mich an. Mein Leben lang habe ich für meinen Herrn geschuftet und gerackert und dafür kaum genug Futter bekommen. Jetzt, da ich alt und nutzlos bin, ließ er mich laufen. So streife ich durch den Dschungel und warte darauf, daß mich ein wildes Tier anspringt und meinem Leben ein Ende macht. Das Krokodil hat recht, das ist das Gesetz des Lebens, so ist die Welt nun einmal."

„Siehst du", sagt das Krokodil, „also los!" Doch der Junge bittet es: „Gib mir noch eine Chance, eine letzte Chance. Laß mich noch ein anderes Wesen fragen. Denk daran, wie gut ich zu dir war." Das Krokodil gibt nach: „Gut, du sollst deine letzte Chance haben."

Der Junge sieht einen Hasen vorbeilaufen und fragt ihn: „Hase, hat das Krokodil recht?" Der Hase richtet sich auf seinen Hinterläufen auf und fragt das Krokodil: „Das hast du gesagt?" – „Ja, das habe ich." – „Einen Augenblick mal", sagt der Hase, „darüber müssen wir diskutieren." „Von mir aus", sagt das Krokodil. Doch der Hase fährt fort: „Wie können wir darüber sprechen, wenn du einen Jungen im Maul hast? Laß ihn raus; auch er muß an unserer Diskussion teilnehmen."

Das Krokodil erwidert: „Du bist schön schlau. Sobald ich ihn herauslasse, läuft er davon." Der Hase aber gibt zurück: „Ich dachte, du hättest mehr Verstand als er. Sobald er wegzulaufen versucht, kannst du ihn mit einem Schlag deines Schwanzes töten." – „Also gut", sagt das Krokodil und läßt den Jungen los. Im selben Moment ruft der Hase: „Lauf!" Der Junge läuft und ist gerettet.

Nach kurzer Zeit fragt der Hase den Jungen: „Magst du denn kein Krokodilfleisch? Möchten die Leute aus deinem Dorf nicht einmal ein gutes Essen? Du hast das Krokodil nicht vollständig befreit; sein ganzes Hinterteil steckt noch im Netz. Warum gehst du nicht ins Dorf und bringst alle her? Dann macht ihr ein Festessen."

Gesagt, getan. Der Junge geht ins Dorf und ruft alle Männer zusammen. Sie kommen mit Äxten, Knüppeln und Speeren und töten das Krokodil. Der Hund des Jungen läuft hinter der Menge her. Sofort sieht er den Hasen, jagt ihm nach, packt ihn und beißt ihn in die Kehle. Der Junge eilt herbei, doch zu spät. Während er den Hasen in den letzten Zügen sieht, sagt er: „Das Krokodil hatte doch recht, so ist die Welt nun einmal, das ist das Gesetz des Lebens."

Es gibt keine Erklärung für all das Leid, das Böse, die Qualen, die Zerstörung und den Hunger in der Welt. Es ist nicht zu ergründen, sosehr wir uns mit unseren religiösen oder sonst welchen Theorien darum bemühen, es bleibt uns verschlossen. Denn das Leben ist ein Rätsel, und das bedeutet, daß Ihr denkender Kopf darin keinen Sinn sehen kann. Darum müssen Sie erwachen, und Sie werden plötzlich verstehen, daß nicht die Wirklichkeit das Problem ist, sondern Sie.

Der Unterschied

Ich erinnere mich an einen Priester in Chicago, den ich während meines Psychologiestudiums kennenlernte. Er sagte uns: „Wissen Sie, ich hatte alle Informationen, die ich brauchte. Ich wußte, daß der Alkohol mich umbringen würde, aber glauben Sie mir, nichts kann einen Alkoholiker ändern – nicht einmal die Liebe seiner Frau und seiner Kinder. Er liebt sie, aber das ändert ihn nicht. Ich entdeckte etwas, was mich veränderte. Eines Tages lag ich bei Nieselregen in der Gosse. Ich öffnete meine Augen und erkannte, daß mich das umbringen würde. Ich sah es und verspürte nie mehr den Wunsch, einen Tropfen anzurühren. Ich habe später sogar ab und zu etwas getrunken, aber nie so viel, daß es mir hätte schaden können. Ich konnte es nicht, und ich kann es immer noch nicht." – Das meine ich: Bewußtheit. Nicht Kenntnis, sondern Bewußtheit.

Ein Freund von mir, der ein sehr starker Raucher war, sagte einmal: „Über das Rauchen gibt es doch alle möglichen Witze. Man erzählt uns, daß Rauchen uns umbringt, aber sieh dir doch die alten Ägypter an; sie sind samt und sonders tot, und kein einziger hat geraucht." Eines Tages bekam er Probleme mit seiner Lunge und mußte sich im Krebsforschungszentrum in Bombay untersuchen lassen. Der Arzt sagte: „Pater, Sie haben zwei Schatten auf der Lunge, das könnte Krebs sein. In vier Wochen möchte ich Sie wiedersehen." Seitdem hat er keine einzige Zigarette mehr angerührt. Vorher *wußte* er, daß Rauchen tödlich sein kann, nachher war er sich dessen *bewußt*. Das ist der Unterschied.

Der springende Punkt

Vergessen Sie alle Urteile, und beobachten Sie
einfach, schauen Sie zu. Sie werden wichtige
Entdeckungen machen, die Sie verändern
werden. Sie werden sich nicht im geringsten
anstrengen müssen, glauben Sie mir.

Das erinnert mich an einen Mann im London nach dem Zweiten Weltkrieg. Er saß auf
seinem Platz in der U-Bahn und hatte ein in
braunes Packpapier eingewickeltes Paket auf
dem Schoß; ein großes, schweres Ding. Der
Schaffner kam zu ihm und fragte: „Was
haben Sie da auf dem Schoß?" Worauf der
Mann sagte: „Das ist eine Bombe, sie ist noch
scharf. Wir haben sie im Garten ausgegraben.
Ich bringe sie jetzt zur Polizei!" Der Schaffner
verfügte: „Die wollen Sie doch wohl nicht auf
dem Schoß tragen! Tun Sie das Ding gefälligst
unter den Sitz."

Es ist wie beim Autofahren, der Fahrer möchte nie das Bewußtsein für das Auto verlieren. Nichts gegen Tagträume, doch darf man dabei nie das Bewußtsein für seine Umgebung verlieren. Immer heißt es, wachsam zu sein. Es ist wie bei einer Mutter, die schläft; sie hört nicht das Dröhnen der Flugzeuge, die über ihr Haus fliegen, doch vernimmt sie sofort den leisesten Seufzer ihres Kindes. Sie ist wachsam, sie ist in diesem Sinne wach. Über den wachen Zustand läßt sich gar nichts sagen, nur über den schlafenden Zustand.

Leben ist mehr

Ehefrau zu Ehemann, dessen Gesicht in einer Zeitung vergraben ist: „Ist es dir je in den Sinn gekommen, daß mehr am Leben sein könnte als das, was in der Welt vorgeht?"

Die meisten Leute lieben die Menschheit, es ist der Nachbar, der ihnen auf die Nerven geht.

Fehler

Einem Schüler, der sich schrecklich fürchtete, Fehler zu machen, sagte der Meister: *„Diejenigen, die keine Fehler machen, machen den größten aller Fehler: sie versuchen nichts Neues."*

Stellen Sie sich einen Patienten vor, der zum Arzt geht und ihm sagt, woran er leidet. Der

Arzt sagt: „Ja, Ihre Symptome kenne ich sehr gut. Wissen Sie, was ich jetzt tun werde? Ich verschreibe Ihnen eine Arznei für Ihren Nachbarn." Der Patient erwidert: „Vielen Dank, Herr Doktor, das wird mir sehr helfen."

Ist das nicht absurd? Aber so handeln wir alle. Derjenige, der schläft, denkt immer, es würde ihm bessergehen, wenn ein anderer sich ändert. Sie leiden, weil Sie schlafen, aber Sie denken sich: „Wie schön könnte das Leben sein, wenn die anderen sich ändern würden – mein Nachbar, oder meine Frau, oder mein Chef."

Als der griechische Philosoph Diogenes gefangen wurde und auf dem Sklavenmarkt verkauft werden sollte, wird erzählt, sei er auf die Plattform des Auktionators gestiegen und habe laut gerufen: „Ein Meister soll hier verkauft werden. Gibt es unter euch vielleicht einen Sklaven, der ihn kaufen möchte?"

Es ist unmöglich, Erleuchtete zu Sklaven zu machen, denn sie sind genau so glücklich in der Sklaverei wie in der Freiheit.

Schaf und Löwe

Es gibt eine Geschichte von einem Löwen, der auf eine Schafherde stieß und zu seinem gro-ßen Erstaunen einen Löwen unter den Schafen fand; einen Löwen, der schon als Junges zu den Schafen gekommen und unter ihnen auf-gewachsen war. Er blökte wie ein Schaf und lief herum wie ein Schaf. Der Löwe ging schnurstracks auf ihn zu, und als der Schafs-löwe den richtigen Löwen vor sich sah, zitterte er am ganzen Leib. Da fragte ihn der Löwe: „Was treibst du denn hier – unter lauter Scha-fen?" Der Schafslöwe antwortete: „Ich bin ein Schaf." Der Löwe erwiderte: „Nein, nein, du bist kein Schaf. Du kommst sofort mit mir."

Darauf führte er den Schafslöwen an einen Teich und sagte: „Schau hinein!" Und als der Schafslöwe ins Wasser schaute und sein Spiegelbild sah, brüllte er gewaltig auf. Von diesem Augenblick an war der Schafslöwe ein anderer.

Viele meinen, wenn sie keine Sehnsüchte hätten, wären sie wie ein Stück Holz. In Wirklichkeit würden sie jedoch ihre Verspanntheit verlieren. Befreien Sie sich von Ihrer Angst zu versagen, von Ihrer Anspannung, Erfolg haben zu müssen, und Sie werden bald Sie selbst sein. Entspannt. Sie werden dann nicht mehr mit angezogener Handbremse fahren. Genau das wird geschehen.

Es gibt einen schönen Satz von Tranxu, einem großen chinesischen Weisen, den ich mir gut gemerkt habe. Er lautet: „Wenn der Bogenschütze schießt, ohne einen besonderen Preis gewinnen zu wollen, kann er seine ganze Kunst entfalten; schießt er, um eine

47

Bronzemedaille zu erringen, fängt er an, unruhig zu werden; schießt er um den ersten Preis, wird er blind, sieht zwei Ziele und verliert die Beherrschung. Sein Können ist dasselbe, aber der Preis spaltet ihn. Er ist ihm wichtig! Er denkt mehr ans Gewinnen als ans Schießen, und der Zwang zu gewinnen schwächt ihn."

Die Kokosnuß

Von einem Baum warf ein Affe eine Kokosnuß einem Sufi auf den Kopf.

Der Mann hob die Nuß auf, trank die Milch, aß das Fruchtfleisch und machte sich eine Schüssel aus der Schale.

*Wie man es ansieht ...
oder
Die Kunst, unglücklich zu sein*

Wenn er nun nein sagt?

Samuel war sehr niedergeschlagen, und es
war ihm nicht zu verdenken. Sein Vermieter
hatte ihm die Wohnung gekündigt, und er
wußte nicht, wohin. Plötzlich hatte er eine
Idee. Er könnte eigentlich bei seinem guten
Freund Moshe wohnen. Dieser Gedanke
beruhigte Samuel, bis ihm ein anderer
Gedanke durch den Kopf schoß, nämlich:
„Was macht dich so sicher, daß Moshe dich in
seiner Wohnung aufnehmen wird?" –
„Warum sollte er nicht?" sagte Samuel etwas
gereizt zu dem Gedanken. „Schließlich habe
ich die Wohnung gefunden, wo er jetzt lebt,
habe ihm sogar das Geld vorgestreckt, damit
er die Miete für die ersten sechs Monate
bezahlen konnte. Das ist doch wirklich das
wenigste, was er tun könnte, mich für ein
oder zwei Wochen aufzunehmen, wenn es
nötig ist."

Damit war die Sache erledigt, bis er nach dem Essen wieder von dem Gedanken heimgesucht wurde: „Angenommen, er weigerte sich?" – „Weigern?" sagte Samuel. „Warum in Gottes Namen sollte er sich weigern? Er verdankt mir alles, was er hat. Ich habe ihm auch seinen Job verschafft; ich habe ihn mit dieser schönen Frau bekannt gemacht, die nun seine Ehefrau ist und ihm die drei Söhne geboren hat, auf die er so stolz ist. Und er soll mir ein Zimmer für eine Woche verweigern? Unmöglich."

Damit war für Samuel die Angelegenheit erledigt, bis er ins Bett ging und nicht einschlafen konnte, weil der Gedanke zurückkehrte und sagte: „Angenommen, er weigert sich. Was dann?" Das war zuviel für Samuel. „Wie zum Teufel könnte er sich weigern", sagte er, und Wut stieg in ihm hoch. „Wenn der Mann heute noch lebt, verdankt er es mir. Ich rettete ihn als Jungen vor dem Ertrinken. Sollte er so undankbar sein, mich mitten im Winter auf die Straße zu schicken?"

Doch der Gedanke war hartnäckig. „Bloß einmal angenommen ..."

Der arme Samuel schlug sich damit herum, solange er konnte. Schließlich stand er morgens gegen zwei Uhr auf, ging in Moshes Wohnung, drückte so lange auf die Klingel, bis Moshe halb im Schlaf die Tür öffnete und erstaunt fragte: „Samuel! Was ist los? Warum kommst du mitten in der Nacht hierher?"

Samuel war mittlerweile so wütend, daß er sich nicht beherrschen konnte, und brüllte: „Ich werde dir erzählen, was mich mitten in der Nacht hierher bringt. Wenn du denkst, daß ich dich bitten werde, mich auch nur für einen einzigen Tag unterzubringen, täuschst du dich. Ich will mit dir nichts zu tun haben, mit dir, deinem Haus, deiner Frau oder deiner

Familie. Fahrt doch alle zur Hölle!" Mit diesen Worten machte er auf dem Absatz kehrt und ging davon.

Gesang mit Nachhall

Eine Frau nahm Gesangsunterricht. Sie hatte eine solch kreischende Stimme, daß ihr Nachbar es nicht mehr aushalten konnte. Schließlich nahm er allen Mut zusammen, klopfte an ihre Tür und sagte: „Madam, wenn Sie nicht mit dem Singen aufhören, werde ich noch verrückt."

„Was reden Sie da?" antwortete die Frau. „Ich habe schon seit zwei Stunden aufgehört."

Die Experten

Eine Sufi-Geschichte: Ein Mann, den man für tot hielt, wurde von seinen Freunden zur Beerdigung getragen. Als der Sarg in das Grab hinabgelassen werden sollte, kam der Mann plötzlich wieder zu sich und schlug gegen den Sargdeckel.

Der Sarg wurde geöffnet; der Mann richtete sich auf. „Was tut ihr?" fragte er die versammelte Menge. „Ich lebe, ich bin nicht tot."

Seine Worte stießen auf verblüfftes Schweigen. Schließlich sagte einer der Trauergäste: „Mein Freund, sowohl die Ärzte wie die Priester haben deinen Tod bescheinigt. Die Fachleute können sich doch wohl nicht täuschen."

Also wurde der Sargdeckel wieder zugeschraubt, und der Mann wurde beerdigt, wie es sich gehörte.

Erst fünfundachtzig

Ein älterer Mann stand mit einem Stück Kuchen in der Hand vor der Tür: „Meine Frau wird heute sechsundachtzig", sagte er, „und ich soll Ihnen ein Stück Geburtstagskuchen bringen." Der Kuchen wurde dankbar in Empfang genommen, besonders weil der Mann fast eine halbe Meile gelaufen war, um ihn zu überbringen.

Eine Stunde später stand er wieder vor der Tür. „Ist etwas passiert?" wurde er gefragt.

„Nun ja", sagte er verlegen, „Agatha hat mich zurückgeschickt, um zu sagen, sie sei erst fünfundachtzig."

Hundekonfession

Es war einmal ein Mann, der zu einem Priester ging und bat: „Herr Pfarrer, ich möchte, daß Sie eine Messe für meinen Hund lesen." Der Priester war empört: „Was soll das heißen, eine Messe für Ihren Hund lesen?" – „Es war mein Schoßhund", sagte der Mann. „Ich habe ihn geliebt und möchte, daß Sie für ihn eine Messe lesen."

Der Priester wehrte ab: „Wir feiern keine Messen für Hunde. Versuchen Sie es doch bei der Konfession um die Ecke."

Schon in der Tür, drehte sich der Mann noch einmal um und sagte: „Zu schade, ich habe diesen Hund wirklich geliebt. Ich wollte für die Messe eine Spende von einer Million Dollar machen."

Darauf der Priester prompt: „Warten Sie doch! Warum haben Sie mir nicht gleich gesagt, daß der Hund katholisch war?"

Der Preis der Tomaten

In der Gemüseabteilung eines Supermarktes wollte eine Frau gerade ein paar Tomaten aussuchen, als ihr ein scharfer Schmerz in den Rücken schoß; sie konnte sich nicht mehr rühren und stieß einen Schrei aus.

Ein anderer Käufer neben ihr drehte sich verständnisvoll um und sagte: „Wenn Sie denken, die Tomaten sind teuer, dann sehen Sie sich mal die Fischpreise an."

Der Hippie mit einem Schuh

Ein Mann stieg in einen Bus und kam neben einem jungen Mann zu sitzen, der offensichtlich ein Hippie war. Er hatte nur einen Schuh an.

„Du hast wohl einen Schuh verloren, mein Junge."

„Nein, guter Mann", lautete die Antwort, „ich habe einen gefunden."

Ich verspreche es

Wir sehen die Menschen meistens durch die Brille unserer vorgefaßten Meinungen

Chef: „Sie sehen erschöpft aus. Was ist los?"
Sekretärin: „Also ... nein, Sie würden es nicht glauben, wenn ich es Ihnen sagte."
„Natürlich würde ich es glauben."
„Nein, das würden Sie nicht, das weiß ich."
„Ich werde Ihnen bestimmt glauben, ich verspreche es."
„Also gut, ich habe heute zuviel gearbeitet."
„Das glaube ich nicht."

Beruhigungspillen

Nur zu oft sehen wir die Menschen nicht, wie sie sind, sondern wie wir sind.

Eine aktive junge Frau fühlte sich gestreßt und überanstrengt. Der Arzt verschrieb ihr Tranquilizer und sagte, sie solle nach einigen Wochen wiederkommen.

Als sie das nächste Mal kam, fragte er sie, ob sie sich besser fühle. Sie sagte: „Nein, aber ich habe festgestellt, daß die anderen Leute viel entspannter zu sein scheinen."

Keine gute Hausfrau

Eine Frau beschwerte sich bei einer Freundin, die sie besuchte, daß ihre Nachbarin keine gute Hausfrau sei. „Du solltest sehen, wie schmutzig ihre Kinder sind – und ihr Haus. Es ist beinahe eine Schande, in der Nachbarschaft zu wohnen. Sieh dir bloß einmal die Wäsche an, die sie draußen auf die Leine gehängt hat. Man erkennt deutlich die schwar zen Streifen auf den Laken und den Hand tüchern."

Die Freundin ging zum Fenster und sagte: „Ich glaube, die Wäsche ist ganz sauber, meine Liebe. Die Streifen sind auf deinen Fensterscheiben."

Logik

Als der Meister einmal gefragt wurde, warum er sich niemals mit jemandem auf einen Disput einlasse, erzählte er eine Geschichte von dem alten Hufschmied, der einem Freund anvertraute, daß es der Wunsch seines Vaters war, wie er Hufschmied zu werden, während seine Mutter ihn am liebsten als Zahnarzt gesehen hätte.

„Und du weißt, ich bin glücklich, daß der Vater seinen Willen erfüllt bekam, denn wäre ich Zahnarzt geworden, hätte ich verhungern müssen. Ich kann das beweisen."

„Wie denn?" wollte der Freund wissen.

„Ganz klar, ich stehe dreißig Jahre in dieser Schmiede, und nicht ein einziges Mal in der ganzen Zeit wollte jemand von mir einen Zahn gezogen haben."

„Das", schloß der Meister, „ist die Logik, aus der Argumente gemacht sind. Wenn du *siehst*, brauchst du keine Logik."

Der Scharlatan

Die Halle war zum Brechen voll, meistens ältliche Damen. Es handelte sich um eine Art neuer Religion oder Sekte. Einer der Redner, nur mit Turban und Lendentuch bekleidet, stand auf. Er sprach gefühlvoll von der Macht des Geistes über die Materie, der Psyche über den Körper.

Alle lauschten gebannt. Schließlich kehrte der Redner auf seinen Platz mir gegenüber zurück. Sein Nachbar wandte sich ihm zu und fragte in einem lauten Flüstern: „Glauben Sie wirklich, was Sie gesagt haben, daß der Körper nichts fühlt, daß sich alles im Geist abspielt und daß der Geist bewußt durch den Willen beeinflußt werden kann?"

Der Scharlatan erwiderte in frommer Überzeugung: „Natürlich glaube ich das."

Darauf der Nachbar: „Würden Sie dann bitte mit mir den Platz tauschen? Ich sitze nämlich genau im Zug."

Wie man es ansieht

Der Gedanke, daß alles in der Welt vollkommen ist, überstieg das Maß dessen, womit die Schüler einverstanden sein konnten. So faßte es der Meister in Begriffe, die ihrem Verständnis besser entsprachen. „Gott webt vollkommene Muster mit den Fäden unseres Lebens", sagte er, „sogar mit unseren Sünden. Der Grund, warum wir dies nicht erkennen, liegt darin, daß wir die Rückseite des Teppichs betrachten."

Und noch prägnanter: „Was manche Leute für einen glänzenden Stein halten, erkennt der Juwelier als einen Diamanten."

Mit Teelöffeln

„Diese Maschine", sagte der Fachmann für effektivere Arbeitsvorgänge, „hat Scharen von Männern die Arbeit weggenommen. Man sollte sie eigentlich zerstören und dafür hundert Männer mit Hacke und Schaufel in diesen Graben stellen."

„Richtig", sagte der Meister, „oder noch besser tausend Männer mit Teelöffeln."

So weit, wie wir konnten

Eine religiös eingestellte Frau beklagte das Verhalten der Jugend: „Die Autos sind schuld. Denken Sie nur, wie weit die jungen Leute heute zum Tanz oder zu einer Verabredung gehen können. Zu unserer Zeit war das anders, nicht wahr, Großmutter?"

Die siebenundachtzigjährige Dame: „Ach, wir gingen sicher so weit, wie wir konnten."

Nimm zwei!

Mutter: „Bist du dir im klaren, daß Gott anwesend war, als du den Keks in der Küche geklaut hast?" „Ja."

„Und daß er dich die ganze Zeit über angeschaut hat?" „Ja."

„Und was, meinst du, hat er zu dir gesagt?"

„Er sagte: Niemand ist hier außer uns beiden – nimm zwei."

*Man kann es nie wissen
oder
Der Trick mit der Wahrheit*

Paßt alles!

Mullah Nasrudins Sehnsucht nach Wahrheit war so leidenschaftlich, daß er weite Reisen unternahm, um Korangelehrte zu treffen, und er scheute sich auch nicht, im Basar Ungläubige in Diskussionen über Glaubenswahrheiten zu verwickeln.

Eines Tages sagte ihm seine Frau, wie ungerecht er sie behandele, und sie mußte entdecken: Ihr Mann hatte für diese Art von Wahrheit nicht das geringste Interesse!

Und einzig um diese Art der Wahrheit geht es. Unsere Welt wäre eine andere, wenn die Gelehrten und Ideologen unter uns, seien es religiöse oder weltliche, von der gleichen Leidenschaft nach Selbsterkenntnis getrieben würden, die sie für ihre Theorien und Dogmen entfalten.

„Sehr gute Predigt", sagte eine Frau aus der Gemeinde, als sie dem Priester die Hand schüttelte. „Alles, was Sie sagten, paßt auf den einen oder anderen meiner Bekannten."

Die Türangeln

„Warum erlangen die meisten Menschen keine Erleuchtung?" fragte jemand den Meister.

„Weil sie als Verlust ansehen, was tatsächlich ein Gewinn ist."

Dann erzählte er von einem Bekannten, der ein Geschäft eröffnete, das bald florierte. Die Kundschaft strömte den ganzen Tag.

Als der Meister dem Kaufmann zu dem Erfolg gratulierte, erwiderte dieser besorgt: „Sehen Sie die Dinge doch ganz realistisch, und schauen Sie sich nur einmal die Ladentüren an. Wenn sie so viele Leute ständig

auf- und zumachen, muß ich die Türangeln
bald erneuern lassen."

Vater, ich bin zurück

Ein Soldat wurde eilends von der Front
zurückgerufen, weil sein Vater im Sterben lag.
Er erhielt eine Sondergenehmigung, denn
außer ihm hatte der Vater keine Familienan-
gehörigen mehr.

Als er die Intensivstation betrat, erkannte
er sofort, daß dieser halb bewußtlose Mann
mit Schläuchen in Mund und Nase nicht sein
Vater war. Irgend jemand hatte sich geirrt
und den falschen Soldaten von der Front
geholt.

„Wie lange wird er noch leben?" fragte er
den Arzt.

„Nur noch ein paar Stunden. Sie haben es
gerade noch geschafft."

Der Soldat dachte an den Sohn des sterbenden Mannes, der, Gott weiß wo, Tausende von Meilen entfernt an der Front war. Er dachte an den alten Mann, der nur in der Hoffnung am Leben geblieben war, daß er seinen Sohn noch einmal sehen würde, ehe er starb. Das bestimmte seinen Entschluß. Er beugte sich vor, ergriff die Hand des alten Mannes und sagte:

„Vater, ich bin da. Ich bin zurück."

Der Sterbende umklammerte die hingestreckte Hand; seine leeren Augen öffneten sich und blickten umher; ein zufriedenes Lächeln ging über sein Gesicht und blieb dort, bis er etwa eine Stunde später starb.

Die Entdeckung

In einer kleinen Stadt ereignete sich ein Autounfall. Viele Menschen standen um das Opfer

herum, und ein Zeitungsreporter konnte nicht
nahe genug herankommen, um zu sehen, um
wen es sich handelte.

Da kam ihm ein Gedanke. „Ich bin der
Vater des Opfers!" rief er. „Bitte, laßt mich
durch."

Die Menge machte ihm Platz, so daß er
direkt zur Unglücksstelle gelangte. Dort entdeckte er zu seiner Verlegenheit, daß das
Opfer ein Esel war.

Wie soll er heißen?

Als es an der Zeit war, ihrem Erstgeborenen
einen Namen zu geben, begann ein Ehepaar
zu streiten. Die Frau wollte ihn nach ihrem
Vater nennen, der Mann bestand darauf, daß
der Sohn den Namen seines Vaters trägt.
Schließlich wandten sich beide an den Rabbi,
der ihren Streit schlichten sollte.

„Wie hieß dein Vater?" fragte der Rabbi den Mann.

„Abijah."

„Und deiner?" fragte er die Frau.

„Abijah."

„Wo liegt dann das Problem?" fragte der Rabbi verwirrt.

„Das ist so, Rabbi", sagte die Frau. „Mein Vater war ein Gelehrter, und seiner ein Pferdedieb. Wie kann ich zulassen, daß mein Sohn nach einem Schurken benannt wird?"

Der Rabbi dachte ernsthaft darüber nach, denn das Problem war in der Tat heikel. Er wollte nicht, daß die eine Partei das Gefühl hatte, gewonnen, oder die andere, verloren zu haben. Also sagte er schließlich: „Ich schlage folgendes vor: Nennt den Jungen Abijah. Dann wartet ab und seht, ob er ein Gelehrter oder ein Pferdedieb wird. Dann wißt ihr, nach wem ihr ihn benannt habt."

Halb verschenkt

„Ich habe gehört, Sie haben Ihr Fahrrad
verkauft."

„Das stimmt."

„Wieviel haben Sie dafür bekommen?"

„Dreißig Dollar."

„Ein annehmbarer Preis!"

„Das ist richtig. Wenn ich freilich gewußt
hätte, daß der Mann mir das Geld nicht
bezahlen würde, hätte ich doppelt soviel
verlangt."

Erwählt

Während ein Besucher dem Meister seine Reli
gion erklärte, sagte er: „Wir glauben, Gottes
auserwähltes Volk zu sein."

„Was heißt das?" wollte der Meister
wissen.

„Daß Gott uns unter allen Völkern der Erde ausgewählt hat."

„Ich glaube, ich kann erraten, welches unter all den Völkern der Erde diese Entdeckung gemacht hat", entgegnete der Meister durchdringend.

Atmosphäre

Der Meister war gewiß nicht ahnungslos hinsichtlich dessen, was sich in der Welt abspielte. Als er darum gebeten wurde, einen seiner bevorzugten Aussprüche zu verdeutlichen, nämlich: „Es gibt weder gut noch schlecht, vielmehr macht es das Denken dazu", sagte er:

„Hast du jemals erlebt, daß aus dem, was die Leute in der Bahn Gedränge nennen, in einem Nachtclub Atmosphäre entsteht?"

Übergewechselt

Um denselben Grundsatz zu verdeutlichen, erzählte der Meister bei anderer Gelegenheit, wie er als Kind einmal seinen Vater – einen berühmten Politiker – scharfe Kritik üben hörte an einem Parteianhänger, der zur Opposition übergewechselt war.

„Aber Vater", sagte er ihm, „ein andermal warst du voll des Lobes über den Mann, der die Opposition verließ, um sich deiner Partei anzuschließen."

„Sehr richtig, mein Sohn! Daraus magst du diese wichtige Wahrheit in deinem jungen Leben lernen: Diejenigen, die zur anderen Partei überwechseln, sind Verräter; diejenigen, die zur eigenen Partei kommen, sind Bekehrte."

Keine Probleme

Eine Religionsgemeinschaft pflegte ihre Veranstaltungen in einem Hotel abzuhalten, dessen Devise in großen Lettern an den Wänden der Empfangshalle stand: „Es gibt keine Probleme, nur Chancen."

Ein Mann trat an die Rezeption und sagte: „Entschuldigung, ich habe ein Problem."

Der Empfangschef erwiderte lächelnd: „Wir kennen keine Probleme, Sir, nur Chancen."

„Nennen Sie es, wie Sie wollen", sagte der Mann ungeduldig, „in dem mir zugewiesenen Zimmer ist eine Frau."

Ernsthaft erkrankt

Der Meister legte seinen Schülern dar, daß
Erleuchtung dann eintritt, wenn sie das nicht-
deutende Sehen erlangt hätten. Und die
Schüler wollten wissen, was deutendes Sehen
sei. Der Meister erklärte es ihnen so:

Ein paar katholische Straßenarbeiter waren
an einer Baustelle nicht weit weg von einem
Bordell beschäftigt, als sie einen Rabbi in dem
nicht gerade angesehenen Haus verschwin-
den sahen. „Na ja, was kann man schon
erwarten?" tuschelten sie sich zu.

Nach einer Weile schlüpfte ein Pastor
durch die Tür. Nichts Überraschendes. „Was
kann man schon erwarten?"

Daraufhin kam der katholische Pfarrer, der
sein Gesicht mit dem Mantel bedeckte, bevor
er in dem Haus verschwand. „Ist das nicht
schrecklich? Eines dieser Mädchen muß ernsthaft erkrankt sein."

Man kann es nie wissen

Der Meister und ein Schüler begegneten unterwegs einem Blinden, der am Straßenrand saß und bettelte.

Sagte der Meister: „Gib dem Mann ein Almosen!"

Der Schüler warf eine Münze in den Hut des Bettlers.

Sagte der Meister: „Du hättest deinen Hut ziehen sollen als Zeichen des Respekts."

„Warum?" wollte der Schüler wissen.

„Man sollte es immer tun, wenn man ein Almosen gibt."

„Aber der Mann war doch blind!"

„Man kann es nie wissen", erwiderte der Meister, „vielleicht war er ein Schwindler."

Nachfüllung

Ein kleines Mädchen steht mit einer Bananenschale in der Hand vor einem Obstladen.

„Was möchtest du, Kleine?" fragt der Verkäufer.

„Eine Nachfüllung", lautet die Antwort.

Das Erkennungszeichen

Ein Passagier hatte sich auf den verschiedenen Decks eines großen Ozeandampfers verirrt.

Schließlich traf er einen Steward und bat ihn, ihm zu helfen, seine Kabine wieder zu finden.

„Welche Nummer hat Ihre Kabine, Sir?" fragte der Steward.

„Das weiß ich nicht, aber ich würde sie sofort erkennen, weil vor dem Bullauge ein Leuchtturm war."

Zu seinem Wort stehen

Richter: „Wie alt sind Sie?"

Sträfling: „Zweiundzwanzig, Sir."

Richter: „Das erzählen Sie uns schon seit zehn Jahren."

Sträfling: „Das stimmt, Sir. Ich gehöre nicht zu denen, die heute so reden und morgen so."

Vorurteil

„Nichts ist gut oder schlecht, solange es das Denken nicht dazu macht", sagte der Meister.

Als er gebeten wurde, das näher zu erklären, sagte er: „Ein Mensch hielt fröhlich sieben Tage in der Woche ein religiöses Fastengebot ein. Sein Nachbar verhungerte bei der gleichen Diät."

Auf der Gewinnerseite

Ein Engländer wanderte in die Vereinigten Staaten aus und wurde amerikanischer Staatsbürger.

Als er zu Ferien nach England zurückkkam, machte ihm eine Verwandte Vorwürfe, daß er seine Staatsbürgerschaft gewechselt habe.

„Was hast du damit gewonnen, daß du amerikanischer Staatsbürger geworden bist?" fragte sie.

„Nun ja, zumindest bin ich im amerikanischen Unabhängigkeitskrieg auf der Gewinnerseite", lautete die Antwort.

In der Jauchegrube

Ein Betrunkener, der nachts unterwegs war, fiel in eine Jauchegrube. Als er immer tiefer in die flüssige Masse sank, begann er „Feuer" zu schreien.

Mehrere Passanten hörten ihn und stürzten herbei, um ihm zu helfen. Als sie ihn herausgezogen hatten, fragten sie ihn, warum er „Feuer" geschrien habe, obwohl doch nichts gebrannt hatte.

Er gab ihnen die Antwort: „Wäre einer von Ihnen zu Hilfe gekommen, wenn ich ‚Scheiße' geschrien hätte?"

Wie lange?

„Wie lange werde ich brauchen, um mein Problem zu lösen?"

„Keine Minute länger, als du brauchst, um es zu verstehen", erwiderte der Meister.

Unwissenheit

Der junge Schüler war ein solches Wunderkind, daß Gelehrte von überall her seinen Rat suchten und sein Wissen bestaunten.

Als der Gouverneur einen Ratgeber suchte, kam er zu dem Meister und sagte: „Sagt mir, stimmt es, daß der junge Mann soviel weiß, wie allgemein behauptet wird?"

„Ehrlich gesagt", erwiderte der Meister trocken, „der Bursche liest so viel, daß ich mir nicht vorstellen kann, woher er die Zeit nimmt, irgend etwas zu wissen."

Was siehst du?

Der Meister hob hervor, daß die Welt, wie sie die meisten Leute sehen, nicht die Welt der Wirklichkeit ist, sondern eine Welt, die ihr Kopf hervorgebracht hat.

Als ein Schüler das in Frage stellen wollte, nahm der Meister zwei Stöcke und legte sie in Form eines T auf den Boden. Dann fragte er den Schüler: „Was siehst du hier?"

„Den Buchstaben T", antwortete er.

„Genauso habe ich es mir vorgestellt", sagte der Meister. „Es gibt von sich aus keinen Buchstaben T; das T ist die Bedeutung, die du ihm gibst. Was du vor dir siehst, sind zwei abgebrochene Äste in Form von Stöcken."

Noch mehr Worte

Von Mark Twain stammt der schöne Satz: „Es war sehr kalt, und wäre das Thermometer noch ein paar Zentimeter länger gewesen, wären wir erfroren." – Wir erfrieren an Wörtern. Nicht die Kälte draußen spielt eine Rolle, sondern das Thermometer. Nicht die Realität fällt ins Gewicht, sondern was man sich selbst über sie sagt.

Ich hörte einmal eine schöne Geschichte von einem Bauern in Finnland. Als die russisch-finnische Grenze gezogen wurde, mußte der Bauer sich entscheiden, ob er in Rußland oder in Finnland leben wollte. Nach langer Bedenkzeit sagte er, er wolle in Finnland leben, doch wollte er die russischen Beamten nicht vor den Kopf stoßen. Diese kamen zu ihm und fragten ihn, wieso er in Finnland leben wollte. Er antwortete: „Es war schon immer mein Wunsch, in Mütterchen Rußland zu leben, aber in meinem Alter könnte ich keinen russischen Winter mehr überleben."

*Die lieben anderen
oder
Aller Kummer dreht sich um
das Selbst*

Die Religion der alten Dame

Eine sehr religiös eingestellte alte Dame hatte an allen bestehenden Religionen etwas auszusetzen, also gründete sie eine eigene.

Eines Tages sagte ein Reporter zu ihr, der sich wirklich bemühte, ihre Ansicht zu verstehen: „Glauben Sie wirklich, wie man behauptet, daß niemand in den Himmel kommen wird außer Ihnen und Ihrem Hausmädchen?"

Die alte Dame dachte über die Frage nach und erwiderte dann: „Bei Mary bin ich nicht so sicher."

Liebe vergißt

„Warum sprichst du ständig von meinen früher begangenen Fehlern?" sagte der Ehemann. „Ich dachte, du hättest sie vergeben und vergessen."

„Ich habe tatsächlich vergeben und vergessen", antwortete die Ehefrau, „aber ich
möchte sicher sein, daß du nicht vergißt, daß
ich vergeben und vergessen habe."

Weisheit schweigt

Vier Mönche beschlossen, einen Monat zu
schweigen.

Zunächst ging alles gut, aber nach dem
ersten Tag sagte ein Mönch: „Ich bin nicht
sicher, ob ich meine Zellentür zugeschlossen
habe, als wir das Kloster verließen."

Ein anderer sagte: „Du Narr! Wir haben
beschlossen, einen Monat zu schweigen, und
nun hast du das Schweigen gebrochen."

Der dritte sagte: „Und du? Du hast es
auch gebrochen."

Sagte der vierte: „Gott sei Dank bin ich
der einzige, der noch nicht gesprochen hat."

Johnny und der Ziegenbock

Der sicherste Weg, eine Beziehung zu töten,
ist, stets auf dem eigenen Willen zu bestehen.

Johnny war ein stämmiger robuster Junge
von drei Jahren. Er freundete sich mit Ziegenbock Billy von nebenan an. Jeden Morgen
rupfte er etwas Gras und Salatblätter ab und
brachte sie Billy zum Frühstück. Ihre Freundschaft wurde so eng, daß Johnny sich stun-
denlang in Billys freundlicher Gesellschaft aufhielt.

Eines Tages kam Johnny auf die Idee, ein
anderes Menü würde Billy guttun. Also ging
er mit Rhabarber anstatt mit Salat zu seinem
Freund. Billy knabberte ein bißchen am Rhabarber, stellte fest, daß er ihn nicht mochte,
und schob ihn weg. Johnny ergriff Billy an
einem Horn und versuchte, ihn dazu zu bringen, den Rhabarber zu fressen. Dieses Mal
stieß Billy seinen Freund weg, zunächst ganz

sanft, aber als Johnny insistierte, stieß er fest zu, so daß Johnny stolperte und mit einem Bums auf sein Hinterteil fiel.

Johnny war so beleidigt, daß er sich abbürstete, Billy wütend anblickte und nie wieder zu ihm kam. Einige Tage später, als sein Vater ihn fragte, warum er nie mehr hinüber ging, um mit Billy zu schwatzen, erwiderte Johnny: „Weil er mich zurück-gewiesen hat."

Friedliche Hunde

Nach einer heftigen Diskussion mit seiner Frau sagte ein Mann: „Warum können wir nicht friedlich zusammenleben wie unsere beiden Hunde, die sich nie zanken?"

„Das stimmt", pflichtete seine Frau bei, „aber binde sie mal zusammen, dann wirst du sehen, was passiert."

Fluchtgefahr

Einer Lehrerin fiel ein kleiner Junge in ihrer Klasse auf, der nachdenklich und in sich gekehrt dasaß.

"Was hast du für Kummer?" fragte sie.

"Um meine Eltern", erwiderte er. "Mein Vater arbeitet den ganzen Tag, um mich zu kleiden und zu ernähren und in die beste Schule der Stadt zu schicken. Und er macht Überstunden, damit ich das College besuchen kann. Meine Mutter kocht und putzt, bügelt und kauft ein, so daß ich mich um nichts zu kümmern brauche."

"Warum machst du dir dann Kummer?"

"Ich habe Angst, sie könnten versuchen, davonzulaufen."

Lulu

*Es gibt nur zwei Heimsuchungen im Leben:
nicht zu bekommen, was man sich wünscht,
und das, was man sich wünscht, zu bekommen.*

Der Besucher einer Irrenanstalt sah, wie
einer der Insassen auf einem Stuhl saß, sich
ständig hin- und herwiegte und mit sanfter
zufriedener Stimme wiederholte: „Lulu,
Lulu ..."

„Was hat der Mann für ein Problem?"
fragte er den Arzt.

„Lulu. Sie war die Frau, die ihn sitzen-
gelassen hat", antwortete der Doktor.

Als sie die Runde fortsetzten, kamen sie zu
einer Gummizelle, deren Bewohner seinen
Kopf immer wieder gegen die Wand schlug
und stöhnend wiederholte: „Lulu, Lulu ..."

„Ist Lulu auch das Problem dieses Mannes?" fragte der Besucher.

„Ja", erwiderte der Arzt, „ihn hat Lulu schließlich geheiratet."

Familienbande

Die Familie war um den Eßtisch versammelt. Der älteste Sohn kündigte an, er werde das Mädchen von gegenüber heiraten.

„Aber ihre Familie hat ihr nicht einen Pfennig hinterlassen", sagte der Vater mißbilligend.

„Und sie selbst hat nicht einen Pfennig gespart", ergänzte die Mutter.

„Sie versteht nichts vom Fußball", sagte Junior.

„Ich habe noch nie ein Mädchen mit solch komischer Frisur gesehen", sagte die Schwester.

„Sie tut nichts als Romane lesen", sagte der Onkel.

„Und sie zieht sich geschmacklos an",
sagte die Tante.

„Aber sie spart nicht an Puder und
Schminke", sagte die Großmutter.

„Alles richtig", sagte der Sohn, „aber sie
hat, verglichen mit uns, einen großen Vor-
teil." – „Und der wäre?" wollten alle wissen.

„Sie hat keine Familie."

Tränen beim Begräbnis

Beim Begräbnis eines sehr reichen Mannes
sah man einen Fremden genau so laut klagen
und weinen wie die anderen.

Der Priester, der die Trauerfeier hielt, ging
zu ihm und fragte: „Sind Sie vielleicht ein
Verwandter des Verstorbenen?"

„Nein."

„Warum weinen Sie dann?"

„Eben darum."

Die Lösung

Einem Mann, der Jahre damit verbrachte, das Gesetz seiner Religion zu studieren, sagte der Meister: „Der Schlüssel zu einem rechtschaffenen Leben ist Liebe, nicht Religion oder das Gesetz."

Dann erzählte er die Geschichte von zwei Jungen, die vom Religionsunterricht genug hatten, weshalb einer den Vorschlag machte, einfach wegzulaufen.

„Weglaufen? ... Unsere Väter werden uns aber einholen und verprügeln."

„Wir werden *sie* versohlen."

„Was? Den *Vater* versohlen? Du bist wohl verrückt. Hast du vergessen, daß Gott uns befohlen hat: Du sollst deinen Vater und deine Mutter ehren?"

„Ja, stimmt! Du versohlst meinen Vater und ich deinen."

Mach das Fenster zu

Auf diese Weise führte der Meister das Verhalten reicher Nationen vor Augen:

Ein Mann wird durch die Rippenstöße seiner Frau aufgeweckt: „Steh auf und mach das Fenster zu, es ist draußen kalt."

Der Mann stöhnt: „Um Himmels willen! Wird es draußen wärmer, wenn ich das Fenster zumache?"

Erfolg

Jemand fragte den Meister: „Glauben Sie an Glück?"

„Durchaus", erwiderte er mit einem Aufblitzen in seinen Augen. „Wie sonst ließe sich der Erfolg von Leuten erklären, die man nicht mag."

Rätselhaft

Die Einstellung des Meisters zu Sozialeinrichtungen war irritierend. Das eine Mal war er ganz dafür, ein andermal schienen sie ihm gleichgültig zu sein.

Die Erklärungen, die er gelegentlich für diese Wechselhaftigkeit gab, waren nicht weniger rätselhaft. Er sagte:

„Derjenige, der Gutes tun möchte, muß an die Tür klopfen.

Für denjenigen, der liebt, ist die Tür immer offen."

Sehr gut, sehr gut

In einem Fischerdorf bekam ein Mädchen
ein uneheliches Kind, und nach vielen
Schlägen gab sie endlich den Namen des
Kindesvaters preis: der Zen-Meister, der den
ganzen Tag im Tempel außerhalb des Dorfes
meditierte.

Die Eltern des Mädchens, begleitet von
vielen Dorfbewohnern, begaben sich zu dem
Tempel, unterbrachen rücksichtslos des Meisters Meditation, beschimpften ihn wegen seiner Heuchelei und erklärten, da er der Vater
des Kindes war, sollte er nun auch die Last der
Erziehung tragen. Der Meister antwortete
nur: „Sehr gut, sehr gut."

Als die Menge abgezogen war, hob er das
Baby vom Boden auf und vereinbarte mit
einer Frau aus dem Dorf, das Kind auf seine
Kosten zu nähren und zu kleiden.

Der Ruf des Meisters war ruiniert. Niemand kam mehr zu ihm, um sich unterweisen zu lassen.

Als schließlich ein ganzes Jahr vergangen war, konnte es das Mädchen, das das Kind geboren hatte, nicht mehr länger aushalten und bekannte, daß sie gelogen hatte. Der Vater des Kindes war der Nachbarjunge.

Die Eltern und Dorfbewohner waren sehr zerknirscht. Sie warfen sich dem Meister zu Füßen, um seine Vergebung zu erhalten, und baten, ihnen das Kind zurückzugeben. Und er sagte nichts weiter als: „Sehr gut, sehr gut."

Der erweckte Mensch! Seinen Ruf verlieren? Kein großer Unterschied zu dem Verlust jenes Vertrages, den man gerade im Traum unterzeichnen wollte.

Einklang

Als ein Mann, dessen Ehe nicht gut ging, seinen Rat suchte, sagte der Meister: „Du mußt lernen, deiner Frau zuzuhören."

Der Mann nahm sich diesen Rat zu Herzen und kam nach einem Monat zurück und sagte, er habe gelernt, auf jedes Wort, das seine Frau sprach, zu hören.

Sagte der Meister mit einem Lächeln: „Nun geh nach Hause und höre auf jedes Wort, das sie nicht sagt."

Liebe

Ein frischverheiratetes Paar sagte: „Was sollen wir tun, damit unsere Liebe von Dauer ist?"

Sagte der Meister: „Liebt gemeinsam andere Dinge."

Wie man Tag und Nacht unterscheidet

Ein Guru fragte seine Schüler, wie sie das Ende der Nacht vom Beginn des Tages unterscheiden könnten.

Einer sagte: „Wenn man in der Entfernung ein Tier sieht und erkennt, ob es eine Kuh oder ein Pferd ist."

„Nein", sagte der Guru.

„Wenn man in der Entfernung einen Baum sieht und erkennt, ob es ein Paternosterbaum oder ein Mango ist."

„Wieder falsch", sagte der Guru.

„Also, wie dann?" fragten die Schüler.

„Wenn man in das Gesicht eines Mannes blickt und darin seinen Bruder erkennt; wenn man in das Gesicht einer Frau blickt und in ihr seine Schwester erkennt. Wer dazu nicht fähig ist, für den ist – wo immer die Sonne auch stehen mag – Nacht."

Augen und Augenlider

Nachdem sich einer seiner Schüler eines ernsten Vergehens schuldig gemacht hatte, erwarteten alle, daß der Meister ihn exemplarisch bestrafen würde.

Als ein voller Monat vorübergegangen war, ohne daß er etwas getan hatte, machte man dem Meister Vorwürfe:

„Wir können nicht übersehen, was passiert ist. Schließlich hat uns Gott Augen gegeben."

„Ja", erwiderte der Meister, „und Augenlider."

Urteil

„Wie soll ich anderen vergeben?"

„Wenn du nie verurteiltest, brauchtest du nie zu vergeben."

Reichtum

Ehemann: „Weißt du, Liebling, ich werde hart arbeiten, und eines Tages werden wir reich werden."

Ehefrau: „Wir sind schon reich, Liebster, denn wir haben einander. Eines Tages werden wir vielleicht Geld haben."

Du selbst

Ein Geschäftsmann wollte vom Meister wissen, was das Geheimnis eines erfolgreichen Lebens sei.

Sagte der Meister: „Mach jeden Tag einen Menschen glücklich!"

Und er fügte als nachträglichen Gedanken hinzu: „... selbst wenn dieser Mensch du selbst bist."

Nur wenig später sagte er: „*Vor allem*, wenn dieser Mensch du selbst bist."

Wer nicht hilft

Wer nicht hilft, benachteiligt andere.

Wer hilft, benachteiligt sich selbst.

Ist man sich dieses Dilemmas nicht bewußt, stirbt die Seele.

Hat man sich davon befreit, ist sie unsterblich.

Abhängigkeit?

Wir alle hängen voneinander in verschiedenster Hinsicht ab, oder nicht? Wir hängen vom Metzger ab, vom Bäcker, vom Glühbirnenhersteller. Gegenseitige Abhängigkeit. So ist das! Nach diesem Schema schaffen wir eine

Gesellschaft und weisen verschiedenen Menschen verschiedene Funktionen zu – zum Wohle aller, damit wir besser funktionieren und effizienter leben –, das hoffen wir zumindest. Aber voneinander psychologisch abhängig zu sein – voneinander gefühlsmäßig abzuhängen – was bedeutet das eigentlich? Es bedeutet, von einem anderen Menschen in puncto Glück abzuhängen.

Denken Sie einmal darüber nach. Denn wenn Sie das tun, wird das nächste, was Sie tun werden, sein – ob Sie sich dessen bewußt sind oder nicht – *zu verlangen*, daß andere Leute zu Ihrem Glück beitragen. Dann wird der nächste Schritt folgen: Angst – Angst vor Verlust, vor Entfremdung, vor Zurückweisung, gegenseitiger Kontrolle. Vollkommene Liebe vertreibt Angst. Wo Liebe ist, gibt es keine Ansprüche, keine Erwartungen, keine Abhängigkeit. Ich verlange nicht, daß du mich glücklich machst; mein Glück ist nicht in dir begründet. Wenn du mich verlassen würdest, würde ich mich nicht bedauern; ich genieße deine Gesellschaft über alle Maßen, aber ich klammere mich nicht an.

Ich genieße sie, ohne mich festzuklammern. Was ich eigentlich genieße, bist nicht du, es ist etwas, das größer ist als wir beide. Es ist etwas, das ich entdeckt habe, eine Art Sinfonie, eine Art Orchester, das in deiner Gegenwart eine Melodie spielt, doch wenn du gehst, hört das Orchester nicht auf zu spielen. Begegne ich jemand anderem, spielt es eine andere Melodie, die auch wunderbar ist. Und bin ich alleine, spielt es weiter. Es hat ein großes Repertoire und hört nie auf zu spielen.

Darum also geht es eigentlich beim Wachwerden.

Gemeinschaft oder Sklaverei

Einsamkeit heißt, Menschen zu vermissen;
Alleinsein heißt, sich selbst zu genügen. So
wird vom scharfzüngigen George Bernard
Shaw ein schöner Ausspruch berichtet: Auf
einer jener langweiligen Cocktail-Parties, auf
denen viel geredet, aber nichts gesagt wird,
fragte man ihn: „Amüsieren Sie sich gut?"
Worauf er erwiderte: „Das ist das einzige,
was mich hier amüsiert."

Zusammensein mit anderen ist nur dann
schön, wenn man ihnen nicht versklavt ist.
Eine Gemeinschaft kann sich nicht aus Sklaven zusammensetzen, das heißt aus Leuten,
die verlangen, daß andere Leute sie glücklich
machen. In einer wirklichen Gemeinschaft
gibt es keinen Bettlerhut, kein Anklammern,
keine Angst, kein Bangen, keinen Katzenjam-
mer, kein Besitzdenken, keine Ansprüche.
Freie Menschen bilden eine Gemeinschaft,

nicht Sklaven: eine einfache Wahrheit, die
aber von einer ganzen Kultur übertönt wurde,
die religiöse Kultur inbegriffen.

*Ein anderer kann nicht für
dich trinken
oder
Selbst ist der Mensch*

Trink für mich

Sagt man zu einem Meister: „Ich bin dumm, bitte denk für mich", ist es, als wolle man sagen: „Ich bin durstig, bitte, trink für mich."

Halt dich an mich

Buddha sagt: „Mönche und Gelehrte sollten meine Worte nicht aus einem bloßen Gefühl der Verehrung akzeptieren, sondern sollten sie analysieren, wie ein Goldschmied Gold untersucht, indem er es schneidet, schmilzt, daran kratzt und es reibt."

Ein großer Mann zu einem kleinen Jungen, der im Kino hinter ihm sitzt: „Kannst du die Leinwand sehen, Kleiner?"
     „Nein."

„Macht nichts. Blick nur auf mich, und lache jedesmal, wenn ich lache."

Auf der falschen Seite

Onkel Joe war übers Wochenende zu Besuch gekommen. Klein Jimmy war überglücklich, daß sein großer Held sein Zimmer und sein Bett teilen würde.

Kaum war das Licht gelöscht, fiel Jimmy etwas ein. „O je", rief er, „beinahe hätte ich was vergessen."

Er sprang aus dem Bett und kniete sich daneben hin. Da er dem Bürschlein kein schlechtes Beispiel geben wollte, hievte sich Onkel Joe aus dem Bett und kniete auf der anderen Seite nieder.

„Du", flüsterte Jimmy erschrocken. „Wenn Mama das morgen sieht, bist du dran! Der Nachttopf ist auf dieser Seite."

Wer bist du?

Eine Frau lag im Koma. Plötzlich hatte sie das Gefühl, sie käme in den Himmel und stände vor dem Richterstuhl.

„Wer bist du?" fragte eine Stimme.

„Ich bin die Frau des Bürgermeisters", erwiderte sie.

„Ich habe nicht gefragt, wessen Ehefrau du bist, sondern wer du bist."

„Ich bin die Mutter von vier Kindern."

„Ich habe nicht gefragt, wessen Mutter du bist, sondern wer du bist."

„Ich bin Lehrerin."

„Ich habe nicht nach deinem Beruf gefragt, sondern wer du bist."

Und so ging es weiter. Alles, was sie erwiderte, schien keine befriedigende Antwort auf die Frage zu sein: „Wer bist du?"

„Ich bin eine Christin."

„Ich fragte nicht, welcher Religion du
angehörst, sondern wer du bist."

„Ich bin die, die jeden Tag in die Kirche
ging und immer den Armen und Hilfsbedürf-
tigen half."

„Ich fragte nicht, was du tatest, sondern
wer du bist."

Offensichtlich bestand sie die Prüfung
nicht, denn sie wurde zurück auf die Erde
geschickt. Als sie wieder gesund war,
beschloß sie, herauszufinden, wer sie war.
Und darin lag der ganze Unterschied.

Deine Pflicht ist es, zu sein. Nicht irgend
jemand, nicht ein Niemand – denn darin liegt
Habgier und Ehrgeiz –, nicht dies oder jenes
zu sein – und dadurch abhängig zu werden –,
sondern einfach zu sein.

Ganz der Vater

Als der junge Rabbi seinem Vater nachfolgte, fing jeder davon an, wie ganz anders er sei.

„Im Gegenteil", antwortete der junge Mann, „ich bin genau wie mein alter Herr. Er ahmte niemanden nach. Ich ahme niemanden nach."

Sei du selbst!
Hüte dich, das Verhalten der Großen nachzuahmen,
wenn du nicht die innere Einstellung hast, die ihr Handeln inspirierte.

Erziehung sollte keine Vorbereitung auf das Leben sein, sondern das Leben selbst.

Wo bin ich?

Es war einmal ein Mann, der war sehr dumm. Jeden Morgen, wenn er aufwachte, fiel es ihm so schwer, seine Kleidung wiederzufinden, daß er beinahe Angst hatte, ins Bett zu gehen, bei dem Gedanken, welche Mühe er beim Aufwachen haben würde.

Eines Nachts ergriff er Bleistift und Schreibblock und schrieb genau die Bezeichnung jedes Kleidungsstückes auf, das er auszog, und die Stelle, wohin er es legte. Am nächsten Morgen zog er seinen Block heraus und las: „Hosen" – da waren sie, er zog sie an. „Hemd", da war es, er zog es sich über den Kopf. „Hut", da war er, er stülpte ihn sich auf den Kopf.

Darüber war er sehr erfreut, bis ihm ein schrecklicher Gedanke kam. „Und ich – wo bin ich?" Das hatte er vergessen, aufzuschreiben. Also suchte und suchte er, aber vergebens. Er konnte sich selbst nicht finden.

Wie steht's mit denen, die sagen:
„Ich lese dieses Buch, um zu erfahren, wer
ich bin"?

Großvaters Anzüge

„Ich meine, du solltest dich etwas mehr danach kleiden, wie es deiner Stellung entspricht. Es ist mir peinlich, daß du dich so gehen läßt und so schäbig aussiehst."

„Aber ich sehe doch nicht schäbig aus."

„Doch, das tust du. Nimm deinen Großvater. Er war immer elegant angezogen. Seine Anzüge waren teuer und von einem guten Schneider."

„Jetzt verstehe ich dich wirklich nicht mehr! Ich trage doch Großvaters Anzüge."

Schubladen

Schubladen und Etiketten sind sehr wichtig für uns. „Ich bin Sozialdemokrat", sagen wir. Doch sind Sie es wirklich? Sie wollen doch nicht sagen, daß Sie, wenn Sie die Partei wechseln, ein neues „Ich" besitzen. Ist es nicht dasselbe „Ich" mit neuen politischen Überzeugungen?

Ich erinnere mich an einen Mann, der seinen Freund fragte: „Wirst du sozialdemokratisch wählen?"

Der Freund antwortete: „Nein, ich werde für die Christdemokraten stimmen. Mein Vater war Christdemokrat, mein Großvater war Christdemokrat und mein Urgroßvater war schon Christdemokrat."

Darauf erwiderte der Mann: „Eine seltsame Logik! Wenn dein Vater Pferdedieb war, dein Großvater Pferdedieb war, und dein Urgroßvater Pferdedieb war, was wärst du dann?"

„Ach", entgegnete der Freund, „dann wäre ich Sozialdemokrat."

Wem glauben?

Ein Nachbar kam zu Nasrudin und wollte sich dessen Esel borgen.

„Ich habe ihn ausgeliehen", sagte Nasrudin.

In diesem Augenblick begann das Tier im Stall zu schreien.

„Aber ich höre ihn schreien", sagte der Nachbar.

„Wem glaubst du mehr, dem Esel oder mir?"

Der Arzt weiß es besser

Der Arzt beugte sich über die leblose Gestalt
im Bett. Dann richtete er sich auf und sagte:
„Es tut mir leid, aber ich muß Ihnen sagen,
Ihr Mann lebt nicht mehr, meine Liebe."

Von der leblosen Gestalt im Bett kam ein
schwacher Protest: „Doch, ich lebe noch."

„Halt den Mund", sagte die Frau, „der
Arzt weiß das besser als du."

Glück gehabt!

*Haben Sie je daran gedacht, daß Ihr Guru
Ihnen vielleicht die Heilung von einer Krank-
heit versprechen könnte, die er selbst verur-
sacht hat?*

*„Gott sei Dank hatten wir ein Maultier zum
Picknick mitgenommen, denn als ein Junge*

*sich verletzte, konnten wir ihn auf dem
Maultier zurücktransportieren.“*

„Wie verletzte er sich?“

„Das Maultier versetzte ihm einen Tritt.“

Der richtige Arzt

„Könnten Sie mir einen guten Arzt empfeh-
len?“

„Ich würde Dr. Chung vorschlagen. Er hat
mir das Leben gerettet.“

„Wie ging das zu?“

„Ich war sehr krank und ging zu Dr.
Ching. Ich nahm seine Medizin, und es ging
mir noch schlechter. Dann ging ich zu Dr.
Chang. Ich nahm seine Medizin und meinte,
sterben zu müssen. Schließlich ging ich also
zu Dr. Chung – und der war nicht da.“

Diogenes

Der Philosoph Diogenes aß zum Abendbrot
Linsen. Das sah der Philosoph Aristippos,
der ein angenehmes Leben führte, indem er
dem König schmeichelte.

Sagte Aristippos: „Wenn du lerntest,
dem König gegenüber unterwürfig zu sein,
müßtest du nicht von solchem Abfall wie Linsen leben."

Sagte Diogenes: „Wenn du gelernt
hättest, mit Linsen auszukommen,
brauchtest du nicht dem König zu
schmeicheln."

Der Papagei hat Husten

Ein alter Seemann gab das Rauchen auf, als
sein Lieblingspapagei einen Dauerhusten ent-
wickelte. Er machte sich Vorwürfe, daß der

Pfeifenqualm im Zimmer die Gesundheit des Papageis geschädigt hatte.

Er ging mit dem Vogel zum Tierarzt.

Nach einer gründlichen Untersuchung erklärte der Veterinär, der Papagei leide weder an Psittacose noch an einer Lungenentzündung, sondern habe ganz einfach den Husten seines pfeiferauchenden Herrchens nachgeahmt.

Sie denkt, ich bin wirklich

Eine Familie ließ sich zum Essen in einem Restaurant nieder. Die Kellnerin nahm zunächst die Bestellungen der Erwachsenen auf und wandte sich dann dem Siebenjährigen zu.

„Was möchtest du essen?" fragte sie.

Der Junge blickte schüchtern in die Runde und sagte dann: „Ich möchte gern einen Hot Dog."

Noch bevor die Kellnerin die Bestellung aufschreiben konnte, unterbrach die Mutter. „Keine Hot Dogs", sagte sie, „bringen Sie ihm ein Steak mit Kartoffelbrei und Karotten."

Die Kellnerin überhörte sie. „Möchtest du Ketchup oder Senf auf deinem Hot Dog?" fragte sie den Jungen.

„Ketchup."

„In einer Minute bekommst du ihn", sagte die Bedienung und ging zur Küche.

Alle schwiegen fassungslos, als sie weg war. Schließlich sah der Junge die Anwesenden an und sagte: „Wißt ihr was? Sie denkt, ich bin wirklich!"

„Wie geht es Ihren Kindern?"
„Beiden geht es gut, danke."
„Wie alt sind sie?"
„Der Arzt ist drei und der Rechtsanwalt fünf."

125

Wer sind Sie?

Kennen Sie die Geschichte vom Rechtsanwalt, dem der Klempner eine Rechnung ausstellte? Er sagte zum Klempner: „Also hören Sie mal, Sie verlangen 100 Euro für die Stunde. Soviel verdiene ich ja als Rechtsanwalt nicht." Darauf antwortete der Klempner: „Als ich noch Rechtsanwalt war, habe ich das auch nicht verdient!"

Ob man Klempner, Rechtsanwalt, Geschäftsmann oder Priester ist, berührt das eigentliche „Ich" nicht. Wenn ich morgen meinen Beruf wechseln würde, wäre das so, als wechselte ich meinen Anzug. Ich selbst bleibe derselbe. *Sind* Sie Ihre Kleider? *Sind* Sie Ihr Name? *Sind* Sie Ihr Beruf? Hören Sie auf, sich mit alldem zu identifizieren. Das alles kann von heute auf morgen anders sein.

Wenn Sie das wirklich begriffen haben, kann Sie keine Kritik mehr treffen. Keine

126

Schmeichelei, kein Lob wird Sie mehr rühren. Wenn Ihnen jemand sagt: „Sie sind ein toller Kerl", von was spricht er dann?

Schon wieder Käsebrote!

Nicht-Erleuchtete erkennen nicht, daß sie selbst die Ursache all ihrer Sorgen sind.

In der Fabrik war Mittagspause, und ein Arbeiter öffnete trübselig sein Lunchpaket. „Ach nein", sagte er laut, „schon wieder Käsebrote."

So ging es zwei-, drei-, viermal hintereinander. Dann sagte ein Kollege, der das Gebrumme des Mannes gehört hatte: „Wenn du Käsebrote so sehr haßt, warum sagst du dann nicht deiner Frau, sie solle dir andere Schnitten machen?"

„Weil ich nicht verheiratet bin. Ich mache mir diese Brote selbst."

Zu sich selbst finden

Die großen Lehrmeister sagen uns, daß die wichtigste Frage der Welt sei: „Wer bin ich?" Oder vielleicht auch: „Was ist das ‚Ich'?" Was ist das überhaupt, was man das „Ich" oder das „Selbst" nennt? Meinen Sie etwa, Sie hätten sonst alles verstanden, nur das nicht? Meinen Sie, Sie haben die Astronomie samt ihren schwarzen Löchern und Quasaren verstanden, kennen sich mit Computern aus und wissen nicht, wer Sie sind? Dann sind Sie ein schlafender Gelehrter.

Meinen Sie, Sie haben verstanden, wer Jesus Christus ist, und wissen nicht, wer Sie selbst sind? Woher wollen Sie denn wissen, daß Sie Jesus Christus verstanden haben? Wer ist denn derjenige, der etwas versteht? Finden Sie das erst einmal heraus. Das ist die Grundlage von allem. Weil wir uns darüber nicht im klaren sind, gibt es immer noch all diese engstirnigen religiösen Leute, die ihre sinnlosen religiösen Kriege führen – Moslems gegen Juden, Protestanten gegen Katholiken und so weiter. Sie wissen nicht, wer sie sind, denn wenn sie es wüßten, gäbe es keine Kriege. So wie ein kleines Mädchen einen kleinen Jungen fragte: „Bist du Presbyterianer?" Darauf antwortete der Junge: „Nein, wir haben eine andere Konfrontation."

Der Jude von Belfast

Paddy schlendert gerade durch die Straßen von Belfast, als ihm plötzlich jemand eine Pistole ins Genick drückte und ins Ohr zischte: „Bist du Protestant oder Katholik?" Paddy mußte sich schnell etwas einfallen lassen. Also antwortete er: „Ich bin Jude." Darauf hörte er hinter sich sagen: „Ich muß der glücklichste Araber in ganz Belfast sein."

Die Wurzel des Leidens

Die Schüler führten eine hitzige Diskussion über die Ursache menschlichen Leidens.

Einige sagten, Selbstsucht sei die Ursache, andere Selbsttäuschung, wieder andere Unfähigkeit, das Wirkliche vom Unwirklichen zu unterscheiden.

Als der Meister gefragt wurde, sagte er: „Alles Leiden kommt von der Unfähigkeit des Menschen, still zu sitzen und allein zu sein."

Wirklichkeit

Man muß alles loslassen. Es ist wohlgemerkt kein physischer Verzicht, das wäre ja einfach. Wenn Ihre Illusionen schwinden, kommen Sie schließlich zur Wirklichkeit; und Sie können mir glauben: Sie werden nie mehr einsam sein, nie mehr. Einsamkeit läßt sich nicht

durch menschliche Gesellschaft beseitigen.
Einsamkeit wird durch Nähe zur Wirklichkeit
aufgehoben. Dazu ließe sich noch viel sagen.
Nähe zur Wirklichkeit, Illusionen aufgeben,
zum Wirklichen kommen. Was auch immer es
sei, es hat keinen Namen.

Eine Puppe aus Salz

Eine Puppe aus Salz reiste Tausende von
Meilen über Land, bis sie schließlich ans Meer
kam.

Sie war fasziniert von dieser seltsamen,
sich bewegenden Wassermasse, die ganz
anders war als alles, was sie bisher gesehen
hatte.

„Wer bist du?" fragte die Salzpuppe das
Meer.

Lächelnd erwiderte dieses: „Komm herein
und sieh selbst."

Also watete die Puppe in die See. Je weiter sie hineinging, desto mehr löste sie sich auf, bis nur noch sehr wenig von ihr übrig war. Ehe der letzte Rest verging, rief die Puppe verwundert: „Nun weiß ich, wer ich bin!"

*Nur keine Aufregung
oder
Wie man der Angst
standhalten kann*

Angst

„Das war also Ihr erster Flug. Hatten Sie
Angst?"

„Ehrlich gesagt, ich wagte nicht, mich mit
meinem ganzen Gewicht hinzusetzen."

Ein starkes Getränk

Auf einer Party in Japan wurde einem Besucher ein beliebtes japanisches Getränk
angeboten. Nach dem ersten Glas merkte er,
wie die Möbel im Zimmer schwankten.

„Das ist aber ein starkes Getränk", sagte
er zu seinem Gastgeber.

„Gar nicht so besonders", erwiderte
dieser, „wir haben bloß gerade ein Erd-
beben."

Sterblichkeit

Einem Schüler, der um Weisheit bat, sagte
der Meister: „Versuch folgendes: schließ die
Augen und stell dir vor, du und alle Lebe-
wesen werden in einen Abgrund geschleu-
dert. Jedesmal, wenn du dich an etwas klam-
merst, um nicht zu fallen, mach dir klar, daß
es gleichfalls fällt ..."

Der Schüler versuchte es und war nie
mehr derselbe.

Das sichere Fundament

„Ich sehne mich nach einem festen Grund,
einem sicheren Fundament für mein
Leben."

„Sieh es doch so an", sagte der Meister.
„Was ist der feste Grund für den Zugvogel,
der Kontinente überquert? Was ist das sichere

Fundament für den Fisch, der vom Fluß in das Meer getragen wird?"

Befreiung

„Wie soll ich Befreiung erlangen?"

„Finde heraus, wer dich festgehalten hat", sagte der Meister.

Nach einer Woche kehrte der Schüler zurück und sagte: „Niemand hat mich festgehalten."

„Warum möchtest du dann befreit werden?"

Für den Schüler war das ein Augenblick der Erleuchtung. Plötzlich wurde er frei.

Elefant und Floh

Ein Floh beschloß, mit seiner Familie in ein Elefantenohr umzuziehen. Also rief er: „Mr. Elefant, Sir, meine Familie und ich haben vor, in Ihr Ohr zu ziehen. Ich finde es fair, Ihnen eine Woche Bedenkzeit zu geben und es mich wissen zu lassen, wenn Sie etwas dagegen haben."

Der Elefant, der von der Existenz des Flohs noch nicht einmal etwas gemerkt hatte, trottete gemächlich weiter, so daß der Floh nach einer Woche gewissenhaften Wartens die Einwilligung des Elefanten voraussetzte und einzog.

Einen Monat später fand Frau Floh, daß das Elefantenohr kein gesunder Wohnort war, und drängte ihren Mann, wieder auszuziehen. Herr Floh bat sie, doch wenigstens noch einen Monat länger zu bleiben, um nicht die Gefühle des Elefanten zu verletzen.

Schließlich formulierte er es so taktvoll wie möglich: „Mr. Elefant, Sir, wir haben vor, ein anderes Quartier zu beziehen. Das hat natürlich mit Ihnen überhaupt nichts zu tun, denn Ihr Ohr ist geräumig und warm. Es geht nur darum, daß meine Frau lieber in der Nähe ihrer Freunde im Büffelfuß wohnen möchte. Sollten Sie etwas gegen unseren Umzug einzuwenden haben, so lassen Sie mich doch das bitte im Verlauf der nächsten Woche wissen."

Der Elefant sagte nichts, und so zogen Flohs mit reinem Gewissen um.

Das Universum weiß nichts von deiner Existenz! Also bitte keine Aufregung!

Der Traum von toten Söhnen

Ein armer Fischer und seine Frau bekamen schließlich nach vielen Ehejahren einen Sohn. Der Junge war der Stolz und die Freude seiner Eltern. Dann wurde er eines Tages schwer krank. Ein Vermögen wurde für Ärzte und Medikamente ausgegeben. Aber der Junge starb.

Seine Mutter war gramgebeugt. In des Vaters Augen war keine Träne. Als die Frau ihm nach dem Begräbnis vorwarf, er verspüre wohl überhaupt keine Trauer, sagte der Fischer: „Ich werde dir sagen, warum ich nicht weinte. Letzte Nacht träumte ich, ich sei ein König und stolzer Vater von acht Söhnen. Wie glücklich war ich! Dann wachte ich auf. Nun bin ich völlig verwirrt: soll ich um diese acht Söhne weinen oder um diesen einen?"

Versicherung

Eine Frau, die über den Tod ihres Sohnes verzweifelt war, kam zum Meister, um getröstet zu werden.

Er hörte geduldig zu, als sie ihm ihr Leid klagte.

Dann sagte er sanft: „Ich kann deine Tränen nicht trocknen, meine Liebe. Ich kann dich nur lehren, wie du sie heiligen kannst."

Der Schmetterling

Nur wer Angst vor dem Leben hat, hat auch Angst vor dem Tod. Nur wer tot ist, fürchtet den Tod. Doch wer lebt, fürchtet ihn nicht.

Ein amerikanischer Schriftsteller schrieb dazu sehr treffend: Das Erwachen ist der Tod Ihres Glaubens an Ungerechtigkeit und Tragik. Was für eine Raupe das Ende der Welt bedeutet, ist ein Schmetterling für den Meister. Tod ist Auferstehung.

Vor uns der Tod

Ich habe schon bei mancher Gelegenheit gesagt, daß der Weg zu wirklichem Leben Sterben ist. Eine Hinführung zum Leben ist, sich vorzustellen, man läge im eigenen Grab: Sie sehen sich darin liegen, in der Haltung, die Ihnen am besten erscheint. In Indien setzt man die Toten mit gekreuzten Beinen hin. Oft trägt man sie so zur Verbrennung, oft werden sie aber auch hingelegt. Stellen Sie sich also vor, Sie liegen ausgestreckt im Sarg und sind tot. Aus dieser Perspektive betrachten Sie nun Ihre Probleme. Alles sieht auf einmal ganz anders aus, oder?

Das ist eine schöne Meditation, die Sie jeden Tag, wenn Sie die Zeit haben, machen sollten. Es ist unglaublich, aber Sie werden lebendig werden.

Friedhofsbesuch

Wenn Sie einen Friedhof besuchen, ist es eine überaus läuternde und tiefe Erfahrung. Sie entdecken einen Namen und sagen sich: „Ach, vor so langer Zeit hat er gelebt, vor zwei Jahrhunderten! Ihn müssen dieselben Probleme geplagt haben wie mich, er muß manch schlaflose Nacht gehabt haben. Es ist seltsam, wir leben nur so kurze Zeit."

Ein italienischer Dichter sagte: „Wir leben in einem kurzen Aufblitzen von Licht; der Abend kommt, und es ist für immer Nacht." Es ist nur ein Aufblitzen, und wir nutzen es nicht. Wir vertun es mit unserer Furcht, unseren Sorgen, unseren Bedenken, unseren Belastungen.

Der Meister und die Wölfe

Im Dorf wurden in der Nähe von Meister Shojus Tempel Wölfe gesichtet. Daher ging Shoju eine Woche lang jede Nacht auf den Dorffriedhof und ließ sich dort zur Meditation nieder. Damit wurden die nächtlichen Angriffe der Wölfe beendet.

Die Dorfbewohner waren begeistert. Sie baten, ihnen die geheimen Riten zu offenbaren, die er vorgenommen hatte, damit sie in Zukunft das gleiche tun könnten.

Sagte Shoju: „Es bedurfte keiner geheimen Riten. Während ich in Meditation saß, versammelte sich eine Anzahl Wölfe um mich. Sie leckten meine Nasenspitze und schnupperten an meiner Kehle. Aber weil ich in rechter innerer Ruhe verharrte, wurde ich nicht gebissen."

Der Tod wartet in Samarra

Ein Kaufmann in Bagdad schickte seinen Diener mit einem Auftrag zum Basar. Der Mann kam blaß und zitternd vor Angst zurück.

„Herr", sagte er, „auf dem Markt traf ich einen Fremden. Als ich ihm ins Gesicht blickte, sah ich, daß es der Tod war. Er wies mit einer drohenden Gebärde auf mich und ging davon. Nun habe ich Angst. Bitte gebt mir ein Pferd, daß ich sofort nach Samarra reiten kann, um mich möglichst weit vom Tod zu entfernen."

Der Kaufmann war besorgt um den Mann und gab ihm sein schnellstes Roß. Der Diener saß auf und war im Handumdrehen verschwunden.

Später ging der Kaufmann selbst auf den Basar und sah den Tod in der Menge herumlungern. Er ging zu ihm hin und sagte: „Du hast heute morgen vor meinem armen Diener eine drohende Gebärde gemacht. Was sollte das bedeuten?"

„Das war keine drohende Gebärde, Sir", sagte der Tod. „Es war nur ein erstauntes Zusammenfahren, weil ich ihn hier in Bagdad traf."

„Warum sollte er nicht in Bagdad sein? Hier wohnt er doch."

„Nun, mir hatte man zu verstehen gegeben, daß ich ihn heute abend in Samarra treffen würde."

Die meisten Menschen haben solche Angst zu sterben, daß sie ganz darauf gerichtet sind, den Tod zu vermeiden und dabei nie richtig leben.

Leichter gemacht

Ein Schüler mußte rasch wieder heim, als ihn die Nachricht erreichte, daß sein Haus abgebrannt war.

Er war ein alter Mann, und alle bedauerten ihn. Alles, was der Meister ihm sagte, war: „Es wird das Sterben leichter machen."

Wer hat schon das Glück?

Der Pessimist sagte: „Das Leben ist schrecklich, es wäre besser gewesen, nicht geboren worden zu sein."

„Ja", erwiderte der Meister mit einem Funkeln in seinen Augen, „aber wie viele haben diese Art von Glück? Einer unter zehntausend vielleicht."

Trugbilder

„Was ist die Ursache des Bösen?"

„Unwissenheit", sagte der Meister.

„Und wie wird sie beseitigt?"

„Nicht durch Anstrengung, sondern durch Licht; durch Verstehen, nicht durch Handeln."

Und nach einer Weile fügte der Meister hinzu: „Das Zeichen des Erleuchtetseins ist Friede – du hörst auf zu fliehen, sobald du erkennst, daß du nur von den Trugbildern verfolgt wirst, die deine Ängste erfunden haben."

*Sogar die Sehnsucht ist Fessel
oder
Menschsein ist schon
Leistung genug*

Wie ein Spiegel

Das Herz des Erleuchteten ist wie ein Spiegel;
er hält nichts fest, weist nichts zurück, er
empfängt, aber behält nichts für sich.

Nichts ändern

Wir verwenden unsere ganze Zeit und Kraft
auf den Versuch, äußere Umstände verändern zu wollen; unsere Ehefrauen, Chefs,
Freunde, Feinde – eben die anderen – um-
zukrempeln. Wir müssen nichts ändern. Die
negativen Gefühle gibt es nur in Ihnen.
Niemand auf der Welt hat die Macht, Sie
unglücklich zu machen. Es gibt nichts auf der
Welt, das die Macht besäße, Ihnen zu schaden oder Sie zu verletzen: kein Ereignis, keine
Umstände, keine Situation, auch kein anderer
Mensch. Aber niemand hat es Ihnen gesagt;

vielmehr erzählte man Ihnen das Gegenteil.
Deswegen haben Sie jetzt diese Probleme;
deswegen schlafen Sie. Man hat Sie über
diese Selbstverständlichkeit im unklaren
gelassen.

Sogar die Sehnsucht nach Freiheit ist eine
Fessel.
Niemand ist wirklich frei,
der sich um seine Freiheit sorgt.
Nur die Zufriedenen sind frei.

Abstand

„Vor der Erleuchtung war ich immer niedergeschlagen: nach der Erleuchtung – bin ich
immer noch niedergeschlagen." Dennoch
besteht ein großer Unterschied: ich identifi-
ziere mich nicht mehr damit. Können Sie
ahnen, wie groß dieser Unterschied ist?

Sie nehmen Abstand und betrachten Ihre Niedergeschlagenheit, identifizieren sich nicht mit ihr. Sie unternehmen nichts, um sie zu vertreiben; Sie sind durchaus bereit weiterzuleben, während sie vorübergeht und verschwindet. Wenn Sie nicht wissen, was das heißt, haben Sie wirklich etwas, worauf Sie sich freuen können. Und die Angst? Sie kommt, und es beunruhigt Sie nicht. Ist es nicht seltsam? Sie haben Angst, aber keine Probleme.

Auf der Durchreise

Ein vom Äußeren her streng und unnachsichtig wirkender Sufi erschien vor den Toren des Palastes. Niemand wagte ihn aufzuhalten, als er geradewegs auf den Thron zuschritt, den der heiligmäßige Ibrahim ben Adam innehatte.

„Was wünschst du?" fragte der König.

„Einen Platz, um in dieser Karawanserei zu schlafen."

„Das ist keine Karawanserei. Das ist mein Palast."

„Darf ich fragen, wem dieser Ort vor Euch gehörte?"

„Meinem Vater. Er ist tot."

„Und wem gehörte er vor diesem?"

„Meinem Großvater. Er ist auch tot."

„Und dieser Ort, den Menschen eine kurze Weile bewohnen und dann weiterziehen – sagtet Ihr wirklich, er sei keine Karawanserei?"

Der Himmel und die Krähe

Eine Geschichte der Bhagawata Purana: Eine Krähe erhob sich einst in den Himmel mit einem Stück Fleisch im Schnabel. Zwanzig

Krähen flogen auf, sie zu verfolgen, und griffen sie erbittert an.

Schließlich ließ die Krähe das Stück Fleisch fallen. Darauf ließen die Verfolger von ihr ab und flogen kreischend dem Stück Fleisch nach.

Sagte die Krähe: „Jetzt ist es friedlich hier oben. Der ganze Himmel gehört mir."

Sagte ein Zen-Mönch:

„Als mein Haus abbrannte, behinderte nichts meine Sicht auf den nächtlichen Mond."

Wer kann den Mond stehlen?

Der Zen-Meister Ryokan lebte sehr bescheiden in einer kleinen Hütte am Fuß der Berge. Eines Nachts, als der Meister fort war, brach ein Dieb in die Hütte ein, nur um festzustellen, daß nichts zu stehlen war.

Ryokan kam zurück und erwischte ihn. "Du hast dir viel Mühe gemacht, mich zu besuchen", sagte er zu dem Einbrecher. "Du sollst nicht mit leeren Händen davongehen. Bitte nimm meine Kleider und die Decke als Geschenk."

Der Dieb nahm höchst verwirrt die Kleider und trollte sich. Ryokan setzte sich hin, nackt wie er war, und beobachtete den Mond. "Armer Kerl", dachte er bei sich, "ich wünschte, ich könnte ihm den wunderbaren Mondschein geben."

Die Armen denken, sie werden glücklich, wenn sie reich geworden sind.
Die Reichen denken, sie werden glücklich, wenn sie ihre Gebrechen los sind.

Und die Bescheidenheit?

Ein alter Rabbi lag krank im Bett. Neben seinem Lager führten seine Schüler flüsternd eine Unterhaltung. Sie priesen seine beispiellosen Tugenden.

„Seit Salomos Zeiten gab es niemand, der weiser wäre als er", sagte einer von ihnen. „Und sein Glauben! Er gleicht dem unseres Vaters Abraham", sagte ein anderer. „Seine Geduld ähnelt der Hiobs", sagte ein dritter. „Nur in Moses finden wir jemand, der so vertraut mit Gott verkehrte wie er", sagte ein vierter.

Der Rabbi schien keine Ruhe zu finden. Als die Schüler gegangen waren, sagte seine Frau: „Hast du gehört, wie sie dein Lob gesungen haben?"

„In der Tat", erwiderte der Rabbi.

„Warum bist du dann so mürrisch?" fragte sie.

„Meine Bescheidenheit", klagte der Rabbi, „keiner erwähnte meine Bescheidenheit."

Der war wirklich ein Heiliger, der sagte:
„Ich bin nur vier leere Wände um einen leeren Raum." Niemand könnte erfüllter sein.

Reichtum

Andere mögen nach Reichtum streben,
Erleuchtete sind reich,
denn sie sind zufrieden mit dem, was sie haben,
besitzen es, ohne zu streben.
Da sie mit wenigem zufrieden sind,
sind sie reich wie Könige.
Ein König ist arm,
wenn sein Königreich ihm nicht genügt.

Wenn Gott lacht

Der indische Mystiker Ramakrishna pflegte zu sagen: Gott lacht bei zwei Gelegenheiten. Er lacht, wenn er einen Arzt zu einer Mutter sagen hört: „Haben Sie keine Angst. Ich werde den Jungen gesund machen." Gott sagt sich dann: „Ich habe vor, dem Jungen das Leben zu nehmen, und dieser Mann denkt, er könne es retten!"

Er lacht auch, wenn er sieht, wie zwei Brüder ihr Land unter sich aufteilen, indem sie eine Grenzlinie ziehen und sagen: „Diese Seite gehört mir und die andere dir." Er sagt sich dann: „Das Universum gehört mir, und diese beiden behaupten, Teile davon gehörten ihnen!"

Als ein Mann erfuhr, sein Haus sei von der Flut weggerissen worden, lachte er und sagte:

„Unmöglich! Ich habe den Hausschlüssel hier in meiner Tasche."

Selbst du gehörst dir nicht

Und Buddha sagte:
    „Dieses Land ist mein, diese Söhne sind mein" – so spricht ein Narr, der nicht begreift, daß er selbst sich nicht gehört.

Man besitzt nie etwas wirklich.
Nur eine Zeitlang bewahrt man es auf.
Ist man nicht fähig, es wegzugeben,
wird man selbst festgehalten.

Was immer man sammelt,
muß sein wie Wasser in der hohlen Hand.

Greift man zu,
läuft es weg.

Willst du es besitzen,
beschmutzt du es.
Läßt du es los,
ist es für immer dein.

Sokrates auf dem Marktplatz

Als echter Philosoph, der er war, glaubte Sokrates, ein weiser Mensch würde instinktiv ein einfaches Leben führen. Er selbst pflegte noch nicht einmal Schuhe zu tragen. Und doch fühlte er sich immer wieder vom Marktplatz angezogen und besuchte ihn oft, um die dort angebotenen Waren zu betrachten.

Als einer seiner Freunde ihn fragte, warum er das täte, sagte Sokrates: „Ich gehe gerne hin, um festzustellen, wie viele Dinge es gibt, ohne die ich phantastisch auskomme."

Spiritualität bedeutet nicht,
zu wissen, was man braucht,
sondern einzusehen, was man nicht braucht.

Versucht nicht, Dinge zu besitzen,
denn sie können nie wirklich besessen
werden.
Achtet nur darauf,
nicht von ihnen in Besitz genommen zu wer-
den,
dann seid ihr der Herr der Schöpfung.

Änderung

Einem Schüler, der sich ständig über andere
beklagte, sagte der Meister: „Wenn du wirklich Frieden haben willst, versuche, dich selbst
zu ändern, nicht die anderen. Es ist einfacher,
deine Füße mit Hausschuhen zu schützen, als
die ganze Erde mit Teppichen auszulegen."

Erleuchtete wissen, nicht die Welt muß verändert werden, um den Schmerz zu verbannen, sondern dein Herz.

Genügsamkeit

„Wie kann ich ein großer Mensch werden – wie Ihr?"

„Warum ein großer Mensch sein?" sagte der Meister. „Mensch sein ist schon Leistung genug."

Ausdehnung

Der Meister hörte mit gespannter Aufmerksamkeit zu, als der berühmte Wirtschaftswissenschaftler seinen Entwurf einer künftigen Entwicklung erläuterte.

„Sollte Wachstum der einzige Gesichtspunkt in einer Wirtschaftstheorie sein?" fragte er.

„Ja. Jedes Wachstum ist gut in sich."

„Denken nicht Krebszellen genau so?" sagte der Meister.

Durstig

„Der Hauptgrund, warum viele Leute unglücklich sind, ist darin zu suchen, daß sie eine verkehrte Befriedigung aus ihren Leiden gewinnen", sagte der Meister.

Dann erzählte er, wie er einmal auf einer

Bahnfahrt im oberen Bett eines Liegewagens die Nacht verbrachte. Es war ihm unmöglich einzuschlafen, da von unten her ständig ein Stöhnen zu hören war: „Ach, bin ich durstig … ach, bin ich durstig …!"

Das Stöhnen nahm kein Ende. Da kletterte der Meister die Leiter hinunter, ging durch den ganzen Zug zum Speisewagen, kaufte zwei Becher Bier, ging den langen Weg zu seinem Abteil zurück und reichte die beiden Becher dem geplagten Mitreisenden.

„Hier ist etwas zu trinken!"

„Wunderbar, Gott sei Dank!"

Der Meister stieg die Leiter hoch und streckte sich wieder aus. Kaum hatte er die Augen geschlossen, hörte er es stöhnen: „Ach Gott, *war* ich durstig … oh, *war* ich durstig!"

Unzufrieden

Der Meister erzählte von dem Hotelbesitzer, der sich bitter über die Folgen beklagte, die der Bau einer neuen Schnellstraße für sein Geschäft mit sich gebracht hatte.

„Hör mal zu", sagte ihm ein Freund. „Ich kann dich einfach nicht verstehen. Jeden Abend sehe ich das Schild ‚Besetzt' vor deinem Hotel."

„Danach kannst du nicht gehen. Bevor die Schnellstraße gebaut wurde, mußte ich jeden Tag dreißig bis vierzig Leute fortschicken. Jetzt schicke ich nie mehr als fünfundzwanzig weg."

Fügte der Meister hinzu: „Wenn du entschlossen bist, negativ zu empfinden, sind sogar nichtexistierende Kunden wirkliche Kunden."

Ich fühl mich gut, ich fühl mich schlecht

Der Meister behauptete, daß der Hauptgrund für das Unglück in der Welt auf die geheime Befriedigung der Menschen zurückzuführen ist, sich schlecht zu fühlen.

Er erzählte von einem Freund, der zu seiner Frau sagte:

„Warum läßt du nicht alles stehen und liegen und machst dir einen schönen Tag, meine Liebe?"

„Ach, du weißt doch genau, mein Lieber, daß ich mich niemals dabei wohl fühlen würde, mir einfach einen schönen Tag zu machen", gab sie gereizt zur Antwort.

Ein Mädchen

„Wie erlangt man das Glück?"

„Indem man lernt, mit allem, was man erhält, zufrieden zu sein."

„Dann kann man sich nie etwas wünschen?"

„Doch, man kann", sagte der Meister, „vorausgesetzt, man tut dies in der Einstellung jenes ängstlichen Vaters, den ich einmal in einer Entbindungsstation traf. Als die Hebamme sagte: ‚Sie haben sich bestimmt einen Jungen gewünscht, es ist aber ein Mädchen', erwiderte der Mann: ‚Ach, das macht wirklich nichts, denn ich habe mir ein Mädchen gewünscht, falls es kein Junge ist.'"

Spiegelung

„Warum ist hier jeder glücklich außer mir?"
„Weil sie gelernt haben, überall Güte und
Schönheit zu sehen", sagte der Meister.

„Warum sehe ich nicht überall Güte und
Schönheit?"

„Weil du draußen nicht etwas sehen
kannst, was du in deinem Inneren nicht
siehst."

Reichtum

„Wie könnte Spiritualität einem Weltmann
wie mir helfen?" fragte der Geschäftsmann.

„Sie wird dir helfen, mehr zu haben",
sagte der Meister.

„Wie?"

„Indem sie dich lehrt, weniger zu
erstreben."

Ein besseres Programm

Der Meister lehrte: Ein Grund dafür, warum viele so unglücklich sind, ist in deren Meinung zu suchen, daß es nichts gebe, was sie nicht ändern könnten.

Und er erzählte gern die Geschichte von dem Mann, der zu dem Radiohändler sagte: „Dieser Transistor, den Sie mir verkauft haben, hat zwar eine ausgezeichnete Tonqualität, doch möchte ich ihn gegen einen anderen tauschen, der ein besseres Programm bietet."

Glückseligkeit

Der glücklose Börsenmakler verlor sein Vermögen und kam in das Kloster, um inneren Frieden zu finden. Aber er war zu verzweifelt, um zu meditieren.

Nachdem er gegangen war, sagte der Meister einen einzigen Satz als trockenen Kommentar: „Diejenigen, die auf dem Fußboden schlafen, fallen nie aus ihren Betten."

Jedes Ergebnis

Der Meister zitierte einmal den berühmten Satz aus der „Bhagavadgita", in dem der Herr den Jünger anspornt, sich in die Schlacht zu stürzen und ein ruhiges Herz zu Füßen der Lotosblume des Herrn zu bewahren.

Ein Schüler fragte: „Wie kann ich das erreichen?"

Sagte der Meister: „Entschließe dich dazu, mit *jedem* Ergebnis deiner Anstrengungen zufrieden zu sein."

Fortschritt

Der Meister klagte über die Übel des Konkurrenzkampfes.

„Holen Wettbewerb und Konkurrenzkampf nicht das Beste aus uns heraus?" fragte jemand.

„Sie holen das Schlimmste heraus, denn sie lehren dich das Hassen."

„Was hassen?"

„*Dich selbst* – denn du läßt zu, daß deine Aktivität von deinem Konkurrenten bestimmt wird und nicht von deinen Erfordernissen und Grenzen. *Andere* – denn du versuchst, auf ihre Kosten vorwärtszukommen."

„Das hieße dann aber, alle Veränderung und allen Fortschritt zu Grabe zu tragen", erhob einer Widerspruch.

Sagte der Meister: „Der einzige Fortschritt, den es gibt, ist der Fortschritt der Liebe. Die einzige Veränderung, die es wert

171

ist, erstrebt zu werden, ist die Veränderung
des Herzens."

Erkenntnis

„Was brachte Euch die Erleuchtung?"
„Freude."
„Und was ist Freude?"
„Die Erkenntnis, daß alles zu verlieren
nichts weiter bedeutet, als ein Spielzeug
verloren zu haben."

*Blätter fallen,
auch wenn der Wind nachläßt
oder
Das Geheimnis der Gelassenheit*

Einverstanden

„Was ist das Geheimnis deiner Ruhe und Gelassenheit?" fragten die Schüler.

Sagte der Meister: „Aus dem Herzen kommendes, uneingeschränktes Einverständnis mit dem Unvermeidlichen."

Gelassenheit

„Gibt es Wege, die eigene geistige Stärke zu messen?"

„Viele."

„Nennt uns einen."

„Findet heraus, wie oft ihr euch im Laufe eines einzigen Tages aufregt."

Veränderung

Der zu Besuch weilende Gelehrte war bereit zu kritischer Auseinandersetzung.

„Verändern unsere Bemühungen nicht den Lauf der menschlichen Geschichte?" fragte er.

„O ja, das tun sie", sagte der Meister.

„Und hat nicht menschliche Arbeit die Erde verändert?"

„Ganz sicher hat sie das", sagte der Meister.

„Warum lehrt Ihr dann, daß menschliches Mühen nur wenig bewirkt?"

Sagte der Meister: „Weil die Blätter doch fallen, auch wenn der Wind nachläßt."

Bis ich oben bin ...

Als der Meister gefragt wurde, ob es ihn denn nicht entmutige, daß all seine Mühe anscheinend kaum Früchte trug, erzählte er die Geschichte von einer Schnecke, die an einem kalten, stürmischen Tag im späten Frühjahr aufbrach, um den Stamm eines Kirschbaums emporzuklettern.

Die Spatzen auf dem Nachbarbaum lachten über ihr Unterfangen. Da flog ein Spatz auf die Schnecke zu und piepste sie an:

„He, du Dummkopf, siehst du nicht, daß auf dem Baum keine Kirschen sind?"

Der Winzling ließ sich nicht aufhalten und sagte: „Macht nichts, bis ich oben bin, sind welche dran."

Gleichgültig

Dem Meister schien es völlig gleichgültig zu sein, was die Menschen von ihm dachten. Als die Schüler fragten, wie er diese Stufe innerer Freiheit erreicht habe, lachte er laut und sagte: „Bis ich zwanzig war, kümmerte es mich nicht, was die Leute von mir dachten. Nach meinem zwanzigsten Lebensjahr fragte ich mich ständig, was wohl meine Nachbarn von mir hielten. Als ich dann einen Tag älter als fünfzig war, erkannte ich plötzlich, daß sie kaum je überhaupt an mich dachten."

Wechselfälle

„Warum hebst du in deinen Predigten den Wert des Leidens so stark hervor?" fragte der Meister.

„Weil es uns gegenüber den Wechselfällen des Lebens abhärtet", antwortete der Prediger.

Darauf sagte der Meister nichts.

Später fragte ein Schüler: „Gegenüber was genau härtet uns das Leiden ab?"

„Vermutlich gegenüber mehr Leiden", entgegnete der Meister lächelnd.

Süß oder bitter

„Härtet Leiden einen Menschen nicht ab?"
„Was zählt, ist nicht das Leiden, sondern die
Disposition des einzelnen, denn Leiden kann
süß oder bitter machen, genauso wie das
Feuer des Töpfers den Lehm verkohlen oder
hart machen kann."

Nicht tun, sondern lassen

Um das Glück zu erlangen, müssen Sie gar
nichts tun. Von Meister Eckhart stammt das
schöne Wort: „Gott läßt sich nicht dadurch
erreichen, daß man seiner Seele etwas hinzu-
fügt, sondern indem man etwas abzieht." Sie
tun nichts, um frei zu sein, sondern lassen
etwas. Dann sind Sie frei.

Das erinnert mich an die Geschichte von
einem irischen Gefangenen, der einen Tunnel

unter der Gefängnismauer ins Freie gegraben hatte, durch den er entkommen konnte. Mitten auf einem Schulhof, auf dem kleine Kinder spielten, kroch er aus dem Tunnel ans Tageslicht. Übermütig sprang er umher und rief: „Ich bin frei, ich bin frei!" Ein kleines Mädchen schaute ihn verächtlich an und sagte: „Das ist doch gar nichts. Ich bin vier."

Mit dem ganzen Sein

„Was mich bedrückt, ist die völlige Mittelmäßigkeit meines Daseins. Ich habe in meinem Leben nicht eine einzige wichtige Tat vollbracht, von der die Welt Notiz nehmen könnte."

„Du irrst dich, wenn du glaubst, daß es die Beachtung durch die Welt ist, was einer Tat Bedeutung verleiht", erwiderte der Meister. Eine lange Pause trat ein.

„Ja, dann habe ich gar nichts getan, um

auch nur einen einzigen zum Guten oder zum Schlechten zu beeinflussen."

„Du irrst dich, wenn du glaubst, daß es an der Einflußnahme auf andere liegt, was einer Tat Bedeutung verleiht."

„Ja, was verleiht denn einer Tat Bedeutung?"

„Sie um ihrer selbst willen mit seinem ganzen Sein tun. Dann ist es uneigennütziges, gott-ähnliches Handeln."

So schnell geht es

Der Meister wurde gefragt, was er von den Errungenschaften der modernen Technik halte. Seine Antwort war:

Einem zerstreuten Professor fiel in letzter Minute ein, daß er eine Vorlesung halten mußte. Er sprang in ein Taxi und rief: „Los, fahren Sie, so schnell Sie können!"

Als das Taxi in voller Fahrt war, merkte der Professor, daß er dem Fahrer gar nicht das Ziel angegeben hatte. „Wissen Sie denn, wohin ich möchte?" rief er ihm zu.

„Nein, mein Herr", sagte der Taxifahrer, „aber ich fahre, so schnell ich kann."

Gesucht und gefunden

Der große Konfuzius sagte: „Wer dauerhaftes Glück will, muß sich stets verändern." Fließen Sie. Aber wir schauen immer wieder zurück, nicht wahr? Wir klammern uns an Vergangenheit und Gegenwart. „Wer seine Hand an den Pflug legt, darf nicht zurückschauen." Möchten Sie eine Melodie oder eine Sinfonie hören, dann geben Sie sich doch nicht mit ein paar Takten zufrieden! Machen Sie doch nicht nach ein paar Noten Schluß! Lassen Sie sie weiterklingen und weiterfließen. Der volle

Genuß einer Sinfonie liegt in Ihrer Bereit-
schaft, alle Töne klingen und vorbeiströmen
zu lassen. Wenn Sie jedoch eine bestimmte
Stelle ganz besonders schön finden würden
und das Orchester bäten: „Bitte, spielt nur
diese Stelle!", dann wäre das keine Sinfonie
mehr.

Kennen Sie die folgende Geschichte von
Nasrudin?

Eines Tages zupfte Nasrudin auf einer
Gitarre, spielte dabei aber immer denselben
Ton. Nach einer Weile versammelte sich eine
Menge Leute um ihn (das Ganze trug sich auf
dem Marktplatz zu). Da fragte einer der Männer, die ihm zuhörten: „Du spielst ja einen
schönen Ton, Mullah, aber warum nimmst du
nicht ein paar andere dazu, wie die anderen
Musiker?" – „Diese Narren", antwortete Nasrudin, „sie *suchen* den richtigen Ton, ich habe
ihn *gefunden*."

Hilfreich

Haben Sie schon von jenem Mann gehört, der sagte: „Wer will behaupten, daß Sorgen nicht helfen? Ganz bestimmt helfen sie. Immer wenn ich mir über etwas Sorgen mache, trifft es bestimmt nicht ein!" *Ihm* haben sie gewiß geholfen.

Oder wie ein anderer sagte: „Ein Neurotiker ist jemand, der sich über etwas Sorgen macht, das in der Vergangenheit nicht geschehen ist. Anders als wir normalen Menschen, die sich über etwas Sorgen machen, das in Zukunft nicht geschehen wird!" Das ist genau der Punkt.

Wer weiß?

Im alten Indien verurteilte ein König einen Mann zum Tode.

Der Mann bat den König, das Urteil aufzuheben, und fügte hinzu: „Wenn der König gnädig ist und mein Leben schont, werde ich seinem Pferd innerhalb eines Jahres das Fliegen beibringen."

„Es sei", sagte der König, „aber wenn das Pferd in dieser Zeit nicht fliegen lernt, wirst du dein Leben verlieren."

Als seine Familie voll Sorge den Mann später fragte, wie er sein Versprechen einlösen wolle, sagte er: „Im Lauf eines Jahres kann der König sterben. Oder das Pferd kann sterben, oder es kann fliegen lernen. Wer weiß das schon?"

Schweigen

Sagte der Meister:
„Als du noch im Mutterleib warst,
hast du geschwiegen.
Dann wurdest du geboren
und fingst an zu sprechen, sprechen,
sprechen –
bis der Tag kommt, da man dich ins Grab
legt.
Dann wirst du wieder still sein.
Fange dieses Schweigen ein,
das im Mutterleib war
und im Grab sein wird
und selbst jetzt dieses Intervall von Lärm
unterläuft, das Leben heißt.
Dieses Schweigen ist dein tiefstes Wesen."

An uns liegt es

Ein Wanderer: „Wie wird das Wetter heute?"
   Der Schäfer: „So, wie ich es gerne habe."
   „Woher wißt Ihr, daß das Wetter so sein wird, wie Ihr es liebt?"
   „Ich habe die Erfahrung gemacht, mein Freund, daß ich nicht immer das bekommen kann, was ich gerne möchte. Also habe ich gelernt, immer das zu mögen, was ich bekomme. Deshalb bin ich ganz sicher: das Wetter wird heute so sein, wie ich es mag."

Was immer geschieht,
an uns liegt es,
Glück oder Unglück darin zu sehen.

Schwierigkeiten

Jemand sagte einmal: „Die drei schwierigsten Dinge für einen Menschen sind nicht körperliche Glanzleistungen oder intellektuelle Meisterstücke, sondern erstens: Haß mit Liebe zu vergelten; zweitens: das Ausgeschlossene mit einzuschließen; drittens: zuzugeben, daß man unrecht hatte."

*Das Glück ist ein Schmetterling
oder
Wege zu Achtsamkeit und
Erleuchtung*

Nach Hause

Sagte der Fluß zu dem Suchenden:
   „Muß man sich wirklich wegen Erleuchtung ereifern?
   Gleichgültig, wohin ich mich wende,
   bin ich unterwegs nach Hause."

Das Geheimnis

Wenn der Teich austrocknet,
und die Fische auf dem Trockenen liegen,
genügt es nicht, sie mit dem eigenen Atem zu
befeuchten oder mit Speichel zu benetzen.
Man muß sie zurückwerfen in den See.
Versucht nicht, Menschen zu beleben durch
Lehrmeinungen, werft sie zurück in die Wirklichkeit. Denn das Geheimnis des Lebens
findet man im Leben selbst,
nicht in Lehren über das Leben.

Staunen

Viele fürchten, sie könnten nicht mehr in
Gang kommen,
wenn sie erst einmal innehielten,
um staunend einem Gedanken nachzu-
hängen.

Erleuchtung

Ein junger Mann kam zu einem Meister und
fragte: „Wie lange werde ich brauchen, um
Erleuchtung zu erlangen?"

Sagte der Meister: „Zehn Jahre."

Der junge Mann war erschrocken. „So
lange?" fragte er ungläubig.

Sagte der Meister: „Nein, ich habe mich
geirrt. Du wirst zwanzig Jahre brauchen."

Der junge Mann fragte: „Warum habt Ihr
die Zeit verdoppelt?"

Sagte der Meister: „Wenn ich es recht überlege, wird es in deinem Fall wahrscheinlich dreißig Jahre dauern."

Gewisse Menschen werden nie etwas lernen,
weil sie alles zu schnell begreifen.
Weisheit ist schließlich kein Bahnhof,
an dem man ankommt,
sondern eine Art zu reisen.
Reist man zu schnell,
übersieht man die Landschaft.
Genau zu wissen, wohin man will,
kann der beste Weg sein, sich zu verirren.
Nicht alle, die bummeln, verlaufen sich.

Nicht zu unterscheiden

Manche sehen nicht, was da ist, sondern das, was ihnen beigebracht wurde zu sehen.

Tommy war gerade vom Strand zurückgekommen.

„Waren da noch andere Kinder?" fragte seine Mutter.

„Ja", sagte Tommy.

„Jungen oder Mädchen?"

„Woher soll ich das wissen! Sie hatten nichts an."

Eine Gabe

„Was muß ich tun, um erleuchtet zu sein?" fragte der wißbegierige Schüler.

„Die Wirklichkeit so sehen, wie sie ist", erwiderte der Meister.

„Gut, und was muß ich tun, um die Wirklichkeit so zu sehen, wie sie ist?"

Der Meister lächelte und sagte: „Ich habe gute Nachricht und schlechte Nachricht für dich, mein Freund."

„Was ist die schlechte Nachricht?"

„Es gibt nichts, was du tun kannst, um zu sehen – es ist eine Gabe."

„Und was ist die gute Nachricht?"

„Es gibt nichts, was du tun kannst, um zu sehen – es ist eine Gabe."

Die Wüste wird erblühen

Gewöhnlich versuchen wir, unsere Einsamkeit dadurch zu heilen, daß wir unsere Gefühle von anderen abhängig machen, daß wir Geselligkeit und Lärm suchen. Das ist keine Heilung. Kehren Sie zu den Dingen zurück, kehren Sie zur Natur zurück, gehen Sie in die

Berge. Dann werden Sie erfahren, daß Ihr Herz Sie in die weite Wüste der Abgeschiedenheit gebracht hat, wo niemand mehr an Ihrer Seite ist, absolut niemand.

Zuerst wird Ihnen das unerträglich erscheinen. Aber nur deshalb, weil Sie das Alleinsein nicht gewöhnt sind. Wenn Sie es schaffen, dort eine Weile zu bleiben, wird die Wüste mit einemmal in Liebe erblühen. Ihr Herz wird von Freude erfüllt sein und singen. Es wird für immer Frühling sein; die Droge wird verbannt sein: Sie sind frei. Dann werden Sie verstehen, was Freiheit ist, was Liebe ist, was Glück ist, was die Wirklichkeit ist, was die Wahrheit ist, was Gott ist. Sie werden sehen, Sie werden mehr erfahren als Begriffe, Voreingenommenheit, Abhängigkeit und an etwas zu hängen. Können Sie das nachvollziehen?

Ich kann Ihnen dazu noch eine nette Geschichte erzählen: Es war einmal ein Mann, der erfand die Kunst des Feuermachens. Er nahm seine Werkzeuge und wanderte zu einem Stamm im Norden, wo es sehr kalt war, bitterkalt. Dort lehrte er die Menschen, Feuer zu machen. Die Menschen waren auch sehr daran interessiert. Er zeigte ihnen, wozu das Feuer alles gut sein konnte – zum Kochen, zum Sich-Wärmen und anderem mehr. Sie waren sehr dankbar, daß sie die Kunst des Feuermachens gelernt hatten. Doch bevor sie ihm ihren Dank aussprechen konnten, verschwand er. Ihm lag nicht an ihrer Anerkennung oder ihrem Dank; ihm lag an ihrem Wohlergehen.

So ging er zu einem anderen Stamm, dem er wiederum zeigte, wie nützlich seine Erfindung war. Die Menschen dort interessierte das ebensosehr, ein bißchen zu sehr für den Geschmack ihrer Priester, denen nicht verborgen blieb, daß dieser Mann die Scharen auf Kosten ihrer eigenen Beliebtheit anzog. So beschlossen sie, ihn beiseite zu schaffen. Sie vergifteten ihn, kreuzigten ihn, töteten ihn – wie, ist hier nicht weiter wichtig. Doch die Priester bekamen nun Angst, daß sich die Menschen gegen sie wenden würden. Aber die Priester waren sehr schlau, ja gerissen. Können Sie sich vorstellen, was sie taten? Sie fertigten ein Bild des Mannes und stellten es auf den größten Altar des Tempels, die Werkzeuge zum Feuermachen legten sie vor das Bild. Darauf wurden die Leute angeleitet, das Bild zu verehren und sich vor den Werkzeugen zu verbeugen, was sie auch pflichtbewußt Jahrhunderte hindurch taten. Verehrung und Kult gingen weiter, aber das Feuer gab es nicht mehr.

Wer bin ich?

Eine Geschichte von Attar aus Neishapur.

Der Verehrer klopfte an die Tür seiner Liebsten.

„Wer klopft?" fragte die Liebste von drinnen.

„Ich bin's", sagte der Liebhaber.

„Dann geh weg. Dieses Haus hat keinen Platz für dich und mich." Der abgewiesene Verehrer ging in die Wüste.

Dort meditierte er monatelang über die Worte der Geliebten. Schließlich kehrte er zurück und klopfte wieder an die Tür.

„Wer klopft?"

„Du bist es."

Und sofort wurde aufgetan.

Gespür

Monatelang bewarb sich ein Freier erfolglos um ein Mädchen und litt schreckliche Qualen, daß er abgewiesen wurde. Schließlich gab die Liebste nach. „Komm dann und dann dort und dorthin", sagte sie zu ihm.

Endlich saß also der Freier zur festgesetzten Zeit am festgesetzten Ort neben seiner Liebsten. Er griff in die Tasche und zog ein Bündel Liebesbriefe heraus, die er ihr in den letzten Monaten geschrieben hatte. Es waren leidenschaftliche Briefe, die von seinem Schmerz sprachen und von dem brennenden Wunsch, die Wonnen der Liebe und Vereinigung zu kosten. Er begann sie seiner Liebsten vorzulesen. Stunden vergingen, und er las immer weiter.

Schließlich sagte die Frau: „Was bist du doch für ein Narr! Diese Briefe handeln alle von mir und deiner Sehnsucht nach mir. Nun

199

sitze ich doch hier neben dir, und du liest
weiter deine dummen Briefe vor."

„Hier sitze ich neben dir", sagte Gott zu
seinem eifrigen Anhänger, „und du zerbrichst
dir den Kopf weiter über mich, bemühst deine
Zunge, um über mich zu reden, und Bücher,
um über mich zu lesen. Wann wirst du endlich still und spürst mich?"

Wer ist der Blinde?

Ein junger Mann, blind von Geburt, verliebte
sich in ein Mädchen. Alles ging gut, bis ihm
ein Freund sagte, daß das Mädchen nicht sehr
hübsch war. Von da an verlor er jedes Interesse an ihr. Schlimm genug! Er hatte sie
richtig „gesehen", der Freund war blind
gewesen.

Das Ei

Nasrudin verdiente seinen Lebensunterhalt, indem er Eier verkaufte. Jemand betrat seinen Laden und sagte: „Rate, was ich in der Hand habe."

„Gib mir einen Tip", sagte Nasrudin.

„Ich werde dir mehrere geben: Es hat die Form eines Eis und die Größe eines Eis. Es sieht aus wie ein Ei, schmeckt wie ein Ei und riecht wie ein Ei. Innen ist es gelb und weiß. Es ist flüssig, ehe es gekocht wird, und wird beim Erhitzen immer fester. Außerdem wurde es von einer Henne gelegt ..."

„Ach, ich weiß", sagte Nasrudin. „Es ist eine Art Kuchen."

Der Fachmann hat ein besonderes Talent, den Wald vor lauter Bäumen nicht zu sehen.

Der Oberpriester hat ein besonderes Talent, den Messias zu übersehen!

Entensuppe

Einst besuchte ein Verwandter Nasrudin und brachte ihm eine Ente als Gastgeschenk. Nasrudin kochte den Vogel, und sie aßen ihn gemeinsam.

Bald folgte ein Gast dem anderen, und jeder behauptete, ein Freund des Freundes des ‚Mannes, der Euch die Ente brachte', zu sein. Natürlich erwartete jeder, wegen dieser Ente beherbergt und beköstigt zu werden.

Schließlich hielt der Mullah es nicht länger aus; als eines Tages wieder ein Fremder zu seinem Haus kam und sagte: „Ich bin ein Freund des Freundes Eures Verwandten, der Euch die Ente brachte", und wie die anderen sich niederließ und wartete, daß ihm aufgetischt werde, stellte Nasrudin eine Schüssel voll dampfenden heißen Wassers vor ihn. „Was ist das?" fragte der Fremde.

202

„Das", sagte der Mullah, „ist die Suppe aus Entensuppe, die mir mein Freund gebracht hat."

Es wird von Männern erzählt, die Schüler der Schüler der Schüler eines Mannes wurden, der persönlich Gott erfahren hatte.

Es ist unmöglich, einen Kuß durch Boten zu überbringen.

Das wirkliche Ziel

Von einem Meister an der Schule für Bogenschießen wußte man, daß er auch ein Meister des Lebens war.

Eines Tages traf sein begabtester Schüler bei einem Wettkampf dreimal hintereinander ins Schwarze. Schüler und Meister wurden mit Glückwünschen überschüttet.

Der Meister schien jedoch wenig beeindruckt, eher sogar kritisch zu sein.

203

Als der Schüler ihn später nach dem Grund fragte, sagte er: „Du mußt noch lernen, daß die Zielscheibe nicht das Ziel ist."

„Was *ist* das Ziel?" wollte der Schüler wissen.

Aber der Meister wollte es nicht sagen. Der Schüler würde es selbst eines Tages lernen müssen, denn in Worten konnte man es nicht vermitteln.

Eines Tages fand er heraus,
daß nicht Leistung das Ziel war,
sondern eine innere Haltung.

Ein Finger

„Eine religiöse Überzeugung", sagte der Meister, „ist keine Aussage über die Wirklichkeit, sondern nur ein Hinweis, ein Fingerzeig auf etwas, das ein Geheimnis darstellt und jenseits des dem menschlichen Verstand Zugänglichen liegt. Kurz gesagt, eine religiöse Überzeugung ist nur ein Finger, der auf den Mond zeigt.

Manche Leute kommen über das Studium des Fingers nicht hinaus. Andere sind damit beschäftigt, an ihm zu lutschen. Wieder andere gebrauchen den Finger, um sich damit die Augen zuzudrücken. Das sind die frommen Eiferer, die die Religion blind gemacht hat.

Tatsächlich sind diejenigen selten, die den Finger weit genug von sich halten, um zu sehen, worauf er hinweist – es sind jene, die der Blasphemie bezichtigt werden, weil sie über Glaubensüberzeugungen hinausgegangen sind."

Begriffen

Eines Nachts führte der Meister seine Schüler
auf das freie Feld unter einem sternenüber-
säten Himmel. Während er dann zu den
Sternen zeigte und dabei die Schüler ansah,
sagte er: „Jetzt konzentriere sich jeder auf
meinen Finger."

Sie begriffen den Punkt.

Der Mond von oben betrachtet

Wörter (und Begriffe) sind Bezeichnungen,
nicht Spiegelungen der Wirklichkeit.

Aber, sagen die östlichen Mystiker,
wenn der Weise auf den Mond zeigt,
sieht der Dummkopf nur den Finger!

Niagara-Wasser

Wörter sind unzureichende Abbilder der Wirklichkeit. Ein Mann dachte, er kenne das Taj Mahal, weil man ihm ein Stück Marmor gezeigt und gesagt hatte, das Taj Mahal sei nichts weiter als eine Anhäufung solcher Steine. Ein anderer war überzeugt, er kenne die Niagara-Fälle, weil er Niagara-Wasser in einem Eimer gesehen hatte.

„Haben Sie ein schönes Baby!"
„Das ist gar nichts. Sie sollten Fotos von ihm sehen!"

Geld oder Leben!

Ein wohlhabender Mann erzählte eines Tages dem Meister, daß er dem Drang, Geld zu verdienen, mit dem besten Willen nicht widerstehen könne.

„Nicht einmal um den Preis von Lebensfreude, bedauerlicherweise", sagte der Meister.

„Ich spare mir die Lebensfreude für meine alten Tage auf", sagte der wohlhabende Mann.

„Sofern du noch alte Tage haben wirst", sagte der Meister und erzählte die Geschichte vom Straßenräuber, der kurzen Prozeß machte: „Geld oder Leben!"

Sagte das Opfer: „Nimm mein Leben. Ich hebe mir mein Geld für meine alten Tage auf."

Die Gelegenheit

Ein junger Mann beschrieb voller Ungeduld, was für die Armen zu tun ihm vorschwebte.

Sagte der Meister: „Wann möchtest du deinen Traum wahr machen?"

„Sobald die Gelegenheit dafür kommt."

„Die Gelegenheit kommt nie", sagte der Meister, „sie ist da!"

Flucht

Einem Geschäftsmann, der aus der Mühsal des Lebens ins Geldverdienen floh, sagte der Meister:

„Es war einmal ein Mann, der sich vor seinen eigenen Fußstapfen fürchtete. So entschloß er sich, nicht mehr zu gehen, sondern zu laufen, wodurch sich nur die Zahl seiner

Fußstapfen verringerte. Was er wirklich tun
sollte, war stehenbleiben."

Natürlich

Man ist nie natürlich,
wenn man versucht, *natürlich zu sein;*
oder versucht, es nicht *zu versuchen!*

Der gegenwärtige Augenblick

„Mein Leiden ist unerträglich."

Sagte der Meister: „Der gegenwärtige
Augenblick ist niemals unerträglich, vielmehr,
was du in den nächsten fünf Minuten oder
den nächsten fünf Tagen auf dich herein-
brechen siehst, ist es, was dich verzweifeln
läßt. Hör auf, in die Zukunft zu leben."

Viel kürzer und viel länger

„Wie lange dauert die Gegenwart, eine
Minute oder eine Sekunde?"

„Viel kürzer und viel länger", sagte der
Meister. „Kürzer, weil der Augenblick, den du
angezielt hast, vorbei ist.

Länger, weil, wenn du je in sie einge-
drungen bist, du auf die Zeitigkeit stoßen
und erfahren wirst, was Ewigkeit ist."

Der kleine Fisch

„Entschuldigung", sagte ein Fisch aus dem
Ozean zu einem anderen. „Du bist älter
und erfahrener als ich und kannst mir wahrscheinlich helfen. Sag mir, wo kann ich
die Sache finden, die man Ozean nennt?
Ich habe vergeblich überall danach gesucht."

„Der Ozean", sagte der ältere Fisch, „ist das, worin du jetzt schwimmst."

„Das? Aber das ist ja nur Wasser. Ich suche den Ozean", sagte der jüngere Fisch sehr enttäuscht und schwamm davon, um anderswo zu suchen.

Der Schüler kam zu dem Meister im Sannyasi-Gewand. Und er sprach in der Sprache der Sannyasi: „Jahrelang habe ich nun nach Gott gesucht. Ich bin von zu Hause weggegangen und habe überall nach ihm Ausschau gehalten, wo er angeblich sein soll: auf Bergesgipfeln, im Herzen der Wüste, in der Stille der Klöster und in den Behausungen der Armen."

„Hast du ihn gefunden?" fragte der Meister.

„Ich wäre ein eitler Lügner, sagte ich ja. Nein, ich habe ihn nicht gefunden. Und Ihr?"

Was konnte ihm der Meister antworten? Die Abendsonne sandte goldene Strahlen in den Raum. Hunderte von Sperlingen tschilpten vergnügt auf einem nahen Feigenbaum. In der Ferne konnte man Straßenlärm hören. Ein Moskito summte warnend am Ohr, daß er gleich zustechen würde ... und doch konnte dieser gute Mann dasitzen und sagen, er hätte Gott nicht gefunden, er würde immer noch nach ihm suchen.

Nach einer Weile verließ er enttäuscht das Zimmer des Meisters, um anderswo weiterzusuchen.

Hör auf zu suchen, es gibt nichts zu suchen. Sei einfach still, öffne die Augen und sieh dich um. Du kannst es nicht übersehen.

Gegenwart

Als die Schüler baten, ihnen ein Modell von
Spiritualität zu geben, das sie nachahmen
könnten, sagte der Meister nur: „Still,
lauscht!"

Und als sie auf die Laute der Nacht draußen lauschten, begann der Meister leise den
berühmten Haiku zu sprechen:

„Von einem frühen Tod
zeigt die Zikade sich unbeeindruckt.
Sie singt."

Gesungene Wahrheit

Ein Mönch sagte einmal zu Fuketsu: „Ich
hörte Euch einst Erstaunliches sagen, und
zwar, daß Wahrheit mitgeteilt werden könne,
ohne darüber zu reden, aber auch ohne zu
schweigen. Könnt Ihr mir das bitte erklären?"

Fuketsu antwortete:

„Als ich ein kleiner Junge in Südchina war, wie sangen da im Frühling die Vögel in den blühenden Bäumen!"

Das Tun

„Was muß ich tun, um das Göttliche zu erreichen?"

„Das Göttliche ist nichts, was sich durch Tun erreichen läßt; man nimmt es durch Sehen wahr."

„Was ist dann die Funktion des Tuns?"

„Das Göttliche auszudrücken und nicht, es zu erreichen."

Ursprünge

Die Schülerin hatte Geburtstag.

„Was möchtest du als Geburtstagsgeschenk?" fragte der Meister.

„Etwas, das mir Erleuchtung bringt", sagte sie.

Der Meister lächelte. „Sag mir, meine Liebe", sagte er, „als du geboren wurdest, kamst du *in* die Welt wie ein Stern vom Himmel oder *aus* ihr wie ein Blatt von einem Baum?"

Den ganzen Tag dachte sie über die seltsame Frage des Meisters nach. Dann sah sie plötzlich die Antwort und fiel in Erleuchtung.

Unschuld

Während eines Picknicks sagte der Meister:
„Wollt ihr wissen, wie erleuchtetes Leben

ist? Seht jene Vögel, die über den See fliegen."

Während alle schauten, rief der Meister:

„Sie werfen eine Spiegelung auf das Wasser, von der sie nichts ahnen und die den See nicht berührt."

Wie ein Schmetterling

„Das Glück ist ein Schmetterling", sagte der Meister. „Jag ihm nach, und er entwischt dir. Setz dich hin, und er läßt sich auf deiner Schulter nieder."

„Was soll ich also tun, um das Glück zu erlangen?"

„Hör auf, hinter ihm her zu sein."

„Aber gibt es nichts, was ich tun kann?"

„Du könntest versuchen, dich ruhig hinzusetzen, wenn du es wagst."

Quellen

Ausbruch aus dem Leben ohne Gitter
oder Leben ist mehr

Hungertod – SP 29; Wach auf! – SP 9; Käfig ohne
Gitter – Pf 116 Henne und Adler – SP 7; Wirklich
aufregend – Pf 86; Laßt mich heraus – Sch 182; Der
Zigeuner – SP 87; Hören und sehen – SP 31; Spannkraft – U110; Illusionen – SP 35–38; Die Überraschung – „SP 100; Fortschritt – SP 101–102; Wo
das Problem liegt – SP 90–93; Der Unterschied – SP
180; Der springende Punkt – SP 45; Leben ist mehr
– Pf 173; Fehler – U23; Schaf und Löwe – SP 62;
Die Kokosnuß (8) – V114

Wie man es ansieht …
oder Die Kunst, unglücklich zu sein

Wenn er nun nein sagt? – Pf 144–145; Gesang mit
Nachhall – Pf 143; Die Experten – V42; Erst fünf-
undachtzig – Sch 123; Hundekonfession – SP 53;
Der Preis der Tomaten – Sch 41; Der Hippie mit

einem Schuh – Sch 41; Ich verspreche es – Pf 145;
Beruhigungspillen – Pf 143; Keine gute Hausfrau –
Pf 143; Logik – U154; Der Scharlatan – V72; Wie
man es sieht – U28; Mit Teelöffeln – U102; So weit,
wie wir konnten – Pf 50; Nimm zwei! – Pf 50

Man kann es nie wissen
oder Der Trick mit der Wahrheit

Paßt alles! – Pf 10; Die Türangeln – U142; Vater, ich
bin zurück – Pf 39; Die Entdeckung – Pf 39–40; Wie
soll er heißen? – Pf 22; Halb verschenkt – Pf 22–23;
Erwählt – U128; Atmosphäre – U134; Übergewechselt – U134; Keine Probleme – Pf 25; Ernsthaft erkrankt – U97; Nachfüllung – Pf 58; Man kann es
nie wissen – U24; Das Erkennungszeichen – Pf 30;
Zu seinem Wort stehen – Pf 30; Vorurteil – W54;
Auf der Gewinnerseite – Pf 25; In der Jauchegrube
– Pf 38; Wie lange? – U135; Unwissenheit – W18;
Was siehst du? – U22; Noch mehr Worte – SP
152–153

Die lieben anderen
oder Aller Kummer dreht sich um das Selbst

Die Religion der alten Dame – V92; Liebe vergißt –
V92; Weisheit schweigt – Sch 105; Johnny und der
Ziegenbock – Pf 142; Friedliche Hunde – Sch 143;
Fluchtgefahr – Sch 144; Lulu – Pf 106–107; Famili-
enbande – Sch 152–153; Tränen beim Begräbnis –
Sch 137; Die Lösung – U75; Mach das Fenster zu –
U147; Erfolg – U17; Rätselhaft – U26–27; Sehr gut,
sehr gut – V73–74; Einklang – W94; Liebe – W56;
Wie man Tag und Nacht unterscheidet – Sch 150;
Augen und Augenlider – U152; Urteil – W82;
Reichtum – V98; Du selbst – U174; Wer nicht hilft
… – Pf 172; Abhängigkeit? – SP 57–58; Gemein-
schaft oder Sklaverei – SP 159–160

Ein anderer kann nicht für dich trinken
oder Selbst ist der Mensch

Trink für mich – Pf 66; Halt dich an mich – Pf
66–67; Auf der falschen Seite – Pf 52; Wer bist du?
– Sch 130; Ganz der Vater – Pf 51; Wo bin ich? –
Sch 63; Großvaters Anzüge – Pf 52; Schubladen –

SP 52–53; Wem glauben? – Pf 65; Der Arzt weiß es besser – Pf 65; Glück gehabt! – Pf 64; Der richtige Arzt – Pf 64; Diogenes – V70; Der Papagei hat Husten – Pf 51–52; Sie denkt, ich bin wirklich – Pf 43; Wer sind Sie? – SP 82–83; Schon wieder Käsebrote! – Sch 177; Zu sich selbst finden – Sp 47; Der Jude von Belfast – Sp 52; Die Wurzel des Leidens – W52; Wirklichkeit – SP 58–59; Eine Puppe aus Salz – V75

Nur keine Aufregung
oder Wie man der Angst standhalten kann

Angst – Sch 93; Ein starkes Getränk – Sch 92; Sterblichkeit – W59; Das sichere Fundament – U160; Befreiung – W59; Elefant und Floh – Sch 124; Der Traum von toten Söhnen – V74–75; Versicherung – W73; Der Schmetterling – SP 161; Vor uns der Tod – SP 181; Friedhofsbesuch – SP 183; Der Meister und die Wölfe – Sch 161; Der Tod wartet in Samarra – Sch 168–169; Leichter gemacht – U27; Wirklichkeit – W86; Wer hat schon das Glück? – U109; Trugbilder – U151

Sogar die Sehnsucht ist Fessel
oder Menschsein ist schon Leistung genug

Wie ein Spiegel – Pf 102; Nichts ändern – SP 85/Sch
160; Abstand – Sp 65/83–84; Auf der Durchreise –
Pf 93; Der Himmel und die Krähe – V102; Wer kann
den Mond stehlen – V102; Und die Bescheidenheit –
Sch 104; Reichtum – Pf 102; Wenn Gott lacht Pf
94–95; Selbst du gehörst dir nicht – Pf 95; Sokrates
auf dem Marktplatz – Pf 98; Änderung – W26; Ge-
nügsamkeit – W43; Ausdehnung – W43; Durstig –
U68; Unzufrieden – U108; Sich schlecht fühlen –
U173; Ein Mädchen – U197; Spiegelung – W35;
Reichtum – W57; Ein besseres Programm – U29;
Glückseligkeit – W57; Jedes Ergebnis – U188; Fort-
schritt – U140; Erkenntnis – W62

Blätter fallen, auch wenn der Wind nachläßt
oder Das Geheimnis der Gelassenheit

Einverstanden – U25; Gelassenheit – W82; Veränderung – W51; Bis ich oben bin … – U53; Gleichgültig – W53; Wechselfälle – U154; Süß oder bitter
– U154; Nicht tun, sondern lassen – SP 88–89; Mit

dem ganzen Sein – U153; So schnell geht es – U116–117; Gesucht und gefunden – SP 118–119; Hilfreich – Sp 115; Wer weiß? – Pf 173; Schweigen – U206; An uns liegt es – Sch 187; Schwierigkeiten – SP 64/160

Das Glück ist ein Schmetterling
oder Wege zu Achtsamkeit und Erleuchtung

Nach Hause – Sch 187; Geheimnis – Sch 64; Staunen – Pf 46; Erleuchtung Pf 108; Nicht zu unterscheiden – Pf 116; Eine Gabe – U100–101; Die Wüste wird erblühen – SP 186–188; Wer bin ich? – V78; Gespür – V78–79; Wer ist der Blinde? – Pf 118; Das Ei – V48; Entensuppe – V44; Das wirkliche Ziel – Pf 58; Ein Finger – U90; Begriffen – U91; Der Mond von oben betrachtet – Sch 61; Niagara-Wasser – Sch 61; Geld oder Leben! – U167; Die Gelegenheit – U167; Flucht – U143; Der gegenwärtige Augenblick – U143; Viel kürzer und viel länger – U205; Natürlich – Pf 109; Der kleine Fisch – V18–19; Gegenwart – W62; Gesungene Wahrheit – Pf 32; Das Tun – U146; Ursprünge – W68; Unschuld – W97; Wie ein Schmetterling – U203

223

Abkürzungen

Pf   – Wer bringt das Pferd zum Fliegen? Weis-
          heitsgeschichten. Verlag Herder [2]1991

Sch – Warum der Schäfer jedes Wetter liebt.
          Weisheitsgeschichten. Verlag Herder [5]1992

SP   – Der springende Punkt. Wach werden und
          glücklich sein. Verlag Herder [3]1993

U   – Eine Minute Unsinn. Weisheitsgeschichten,
          Verlag Herder 1993

V   – Warum der Vogel singt. Weisheitsgeschich-
          ten. Verlag Herder [2]1991

W   – Eine Minute Weisheit. Verlag Herder [6]1993